Dass Friede werde unter uns

KONKRETE LITURGIE

herausgegeben von Guido Fuchs

BARBARA PALM-SCHEIDGEN

Dass Friede werde unter uns

Friedensgebete und -gottesdienste

VERLAG FRIEDRICH PUSTET
REGENSBURG

Bibliografische Information der Deutschen Nationalbibliothek

Die Deutsche Nationalbibliothek verzeichnet diese Publikation in der Deutschen Nationalbibliografie; detaillierte bibliografische Daten sind im Internet über http://dnb.dnb.de abrufbar.

ISBN (Print) 978-3-7917-3097-4

Umschlagbild: © Alamy Stock Foto (Federico Caputo)
Layout und Umschlaggestaltung: Martin Veicht, Regensburg
Satz: Medienbüro Monika Fuchs, Hildesheim
Druck und Bindung: Friedrich Pustet, Regensburg
Printed in Germany 2019

eISBN 978-3-7917-6167-1 (epub)

Weitere Publikationen aus unserem Verlagsprogramm finden Sie auf
www.verlag-pustet.de
www.liturgie-konkret.de

Information und Bestellungen unter verlag@pustet.de

INHALT

ANLÄSSE IM KIRCHENJAHR

VON DER KLAGE ZUR HOFFNUNG

VORWORT

„Dass Friede werde unter uns“ – wenn ich ein Buch mit diesem Titel schreibe, habe ich die Hoffnung noch nicht aufgegeben, dass Frieden möglich ist. Ich lade vielmehr dazu ein, die Sehnsucht nach Frieden, die Vision einer gerechten Welt ohne Krieg und Gewalt wachzuhalten. Heimtückische Terroranschläge, zahlreiche Unruheherde und Kriege allerorten, globale atomare und militärische Aufrüstung, Macht- und sexueller Missbrauch, extreme Armut und unverantwortlicher Raubbau der Ressourcen unseres Planeten zeigen, wie gefährdet unsere Menschheitsfamilie und die gesamte Schöpfung ist. Aber gerade in Zeiten, in denen Erfahrungen von Bedrohung, Ohnmacht, Angst, Entsetzen und Trauer überwiegen, gilt es, nicht zu resignieren. Als Christen und Christinnen sind wir aufgerufen, in dieser Welt wirkmächtig zu sein, das Gute mächtig werden zu lassen. Frieden schaffen und Frieden halten braucht den Mut, aus der Gewaltspirale herauszutreten und einen alternativen Lebensentwurf zu wagen. Die Verheißung des Reiches Gottes und besonders die Bergpredigt verpflichten uns geradezu dazu.

In Essen, meiner Heimatstadt, gibt es einen mich beeindruckenden Ort des Gedenkens, der den Geist des Schalom und der Versöhnung ausstrahlt. Im Jahre 1949 wurden in der kleinen katholischen Gemeinde St. Albertus Magnus die Namen von Menschen festgehalten, die im Ruhrgebiet an den Fronten und beim Bombenkrieg ihr Leben gelassen haben. Sie sollten nicht vergessen sein. Mit dem Bau der Pax-Christi-Kirche begann man, die Namen dieser Kriegsopfer auf den Boden zu schreiben. Inzwischen sind rund 1500 Namen von Menschen aus der ganzen Welt, die Opfer von Gewalt wurden, in weißer Schrift auf Steinfliesen im Kirchenboden eingelassen. Außerdem sind über 100 Namen von Ländern und Orten angegeben, an denen Menschen ermordet wurden, wie Oslo und Winnenden. Begeht man schweigend den Kirchenraum und betrachtet die Vielzahl so unterschiedlicher menschlicher Schicksale, wird durch alle Gewalt hindurch konkret: Abbild Gottes ist jeder Mensch! Seine Würde, gleich ob Frau oder Mann, Freund oder Gegner, egal welcher Herkunft, Religion, Weltanschauung oder politischen Richtung, ist deshalb unantastbar. Diese fragile Würde als unser kostbarstes Gut anzuerkennen, ist eine grundlegende Voraussetzung für ein friedliches Miteinander im Kleinen und im Großen.

Ziel der vorgelegten Gebete und Gottesdienstmodelle ist es, den Mut zum Frieden zu stärken und sich zu solidarisieren. Verschiedene liturgische Formen (ökumenisches Friedensgebet, Wort-, Vesper-, Taufgedächtnis- und Predigtgottesdienst, Politisches Nachtgebet, Eucharistiefeier, Klageandacht u. a.) und zahlreiche Anlässe im Jahr laden über die Konfessionsgrenzen hinweg zum Gebet um den Frieden in all seinen Dimensionen und zum gewaltfreien Handeln ein. Friedensgestalten wie Bertha von Suttner, Janusz Korczak oder Katharina Staritz geben friedensstiftenden Haltungen ein Gesicht. Die Modelle sind als Anregung zu verstehen, mit deren einzelnen Elementen kreativ umgegangen werden darf. Ein Verzeichnis der verwendeten Schriftstellen hilft bei einer ersten Orientierung. Wünschenswert ist es, in Vorbereitung und Gestaltung die Menschen vor Ort einzubeziehen.

Herzlich danke ich Herrn Dr. Rudolf Zwank für seine stets kompetente Begleitung als Lektor. Seine Begeisterung für dieses Projekt hat mich ermutigt und ebenso wie das geduldige Verständnis meines Ehemanns durch alle Phasen der Erstellung dieses Buches getragen. Herrn Willibald Butz danke ich sehr für die hilfreiche technische Unterstützung.

Barbara Palm-Scheidgen

MENSCHEN DES FRIEDENS ERINNERN

ER NAHM DIE KINDER IN SEINE ARME UND SEGNETE SIE

ÖKUMENISCHER FRIEDENSGOTTESDIENST, AUCH FÜR JUGENDLICHE

Dieser ökumenische Friedensgottesdienst zum Thema „Kinderrechte“ kann am 20. September, dem Internationalen Tag der Kinderrechte, oder am 10. Dezember, dem Internationalen Tag der Menschenrechte, gefeiert werden.
Etwas angepasst an den jeweiligen Adressatenkreis ist er auch geeignet als Schulgottesdienst für ältere Schülerinnen und Schüler oder im Rahmen der Firmanden- oder Konfirmandenarbeit. Die Jugendlichen sollten dann an der Vorbereitung und Durchführung des Gottesdienstes beteiligt sein. Sinnvoll ist es, ein Liedblatt zu erstellen und eine musikalische Begleitung durch einen kleinen Chor und Instrumente sicherzustellen.

Kreuzzeichen Den Namen des Vaters wollen wir ehr'n (Liederbücher)

Einführung Eigentlich müsste ein Aufschrei durch unser Land gehen angesichts der nahezu täglichen Meldungen über das Leid von Kindern und Jugendlichen in der Welt. Doch ist es nicht leider so, dass wir oft gar nicht mehr hinhören und -sehen, wenn wieder einmal in den Medien berichtet wird, dass Kinder und Jugendliche unter Armut und Hunger leiden, auf der Flucht im Mittelmeer zu ertrinken drohen, zwangsrekrutiert werden als Kindersoldaten, dass sie auf der Straße leben, als Arbeitssklaven oder sexuell missbraucht werden? Am heutigen Internationalen Tag der Kinderrechte (*oder:* der Menschenrechte) soll das anders sein. Wir wollen in diesem Gottesdienst bewusst machen, dass jedes Kind, jeder junge Mensch die gleiche Würde hat wie ein erwachsener Mensch. Ein Mann, der dies bereits Anfang des 20. Jahrhunderts erkannt hat und sein ganzes Leben lang für die Umsetzung der Rechte und Bedürfnisse von Kindern gekämpft hat, war Janusz Korczak. Sein Vorbild zeigt, dass Erwachsene die Verantwortung dafür tragen, dass die menschliche Würde von Kindern nicht verletzt wird und ihre Rechte gestärkt werden.

Lied Wie viele Straßen auf dieser Welt (Liederbücher)

Psalm Ps 8 *(Übertragung von Jörg Zink)*
Hören wir einen uralten Psalm in einer Fassung von Jörg Zink, in dem jedem Menschen, vor allem auch dem kleinen Kind, eine besondere Würde in den Augen Gottes zugeschrieben wird.

Herr, unser Herrscher, wie herrlich, dass du da bist!
Dein Glanz strahlt aus dem Himmel
über die Welt hin.

Wenn Kinder dich anrufen,
ja wenn eben Geborene schreien,
rühmen wir dein Werk und freuen uns deiner Macht.
Da sind uns leeres Gerede die Reden der Mächtigen,
die nichts wissen als das Gesetz ihres Hasses
und das Gesetz ihrer Rache.

Wenn ich den Himmel sehe, das Werk deiner Finger,
den Mond und die Sterne, die du geformt hast –
was ist der Mensch, dass du an ihn denkst,
(was ist) das Kind eines Menschen, dass du es lieb hast?

Du hast ihm fast die Würde eines himmlischen Wesens gegeben.
Mit Schönheit und Adel hast du ihn gekrönt.
Du gabst ihm den Auftrag,
Herrscher zu sein über alles, was du geschaffen.
Alles legtest du ihm zu Füßen:
Schafe und Rinder und die wilden Tiere überall.
Die Vögel unter dem Himmel

und die Fische im Meer
und was immer im Meer sich bewegt.

Herr, unser Herrscher,
wie herrlich, dass wir dich kennen.
Wie gut, dass du da bist!

Jörg Zink – Q 1

Gebet Vater im Himmel, du birgst in deiner unendlichen Liebe alle Menschen, Große und Kleine. Du willst nicht, dass irgendeinem oder irgendeiner die Würde genommen wird, denn du hast uns alle als deine Ebenbilder geschaffen. Wer Kinder missachtet und ihnen Leid antut, verstößt auf das Massivste gegen deinen Willen. Stärke die Einsicht, dass du die Kleinen und Schutzbedürftigen in den Mittelpunkt stellst und sie besonders wertschätzt. Darum bitten wir dich durch Christus, unseren Bruder, der mit dir lebt und liebt in alle Ewigkeit.

Lesung Mk 10,13–16

Ansprache

Diese kleine Episode zeigt sehr eindrücklich, wie wichtig für Jesus die Kinder sind. Er respektiert und beachtet sie, die von den Großen und Mächtigen so schnell übersehen, beiseitegeschoben und missachtet werden. Für die Jünger damals zählten Kinder nicht, sie hatten zu ihrer Zeit keinerlei Rechte, standen auf der untersten Rangstufe. Mit derart unwichtigen Kleinen wollten die Jünger Jesus nicht behelligen. Überraschend eindeutig fällt Jesu Reaktion aus. Er wendet sich ganz den Kindern zu, umarmt und segnet sie. Damit zeigt er den Jüngern, wie sehr Gott Kinder liebt. Unmissverständlich stellt Jesus klar, dass das Reich Gottes für alle Menschen da ist und erst recht für die Schutzbedürftigsten, Kleinsten und Geringsten.

Erst im Jahre 1989 wurde von der Generalversammlung der Vereinten Nationen die Kinderrechtskonvention verabschiedet. So lange hat es gedauert, bis Kindern die grundlegenden Rechte auf Leben, Schutz, Bildung und Entwicklung zugestanden wurden und festgelegt wurde, dass die Menschenrechte auch für Kinder gelten. Kinder im Sinne der Konvention sind alle jungen Menschen zwischen null und 18 Jahren. Leider besteht heute immer noch sehr oft eine große Kluft zwischen den international verbrieften Kinderrechten und der Lebenswirklichkeit. In fast allen Ländern der Welt werden existenzielle Grundrechte von Minderjährigen in unterschiedlicher Weise verletzt. Besonders besorgniserregend ist, dass fast jedes zehnte Kind weltweit im Krieg lebt. So werden in der Bürgerkriegsregion Syrien den Kindern die Rechte auf Unversehrtheit, Gesundheit, Nahrung, Bildung und Leben vorenthalten. Sie werden zum Teil als Geiseln gehalten, als Kinderkrieger eingesetzt – an Schulbesuch ist fast gar nicht mehr zu denken. Schrecklich ist es, dass weltweit rund eine viertel Million Kinder von Armeen oder Milizen zu Kindersoldaten zwangsrekrutiert werden und das Töten lernen. Eine große Mitschuld an solchen unmenschlichen Praktiken, die jungen Menschen jegliche Perspektive für ein normales Leben rauben, tragen Länder durch ihre Waffenexporte – auch Deutschland und die USA. Viel zu hoch ist immer noch die Zahl der Kinderarbeiter, die oft wie Sklaven 17 Stunden am Tag, sieben Tage die Woche ausgebeutet werden, z. B. in den Garküchen oder Steinbrüchen Indiens, in den Teppichknüpfereien in Nepal, als Haushaltshilfen oder als Fischfänger in Indonesien, in Goldminen auf den Philippinen. Besonders schlimme Verstöße gegen Kinderrechte sind der steigende sexuelle Missbrauch von Kindern, unter anderem durch sogenannte Sextouristen, sowie zunehmende Formen von Kinderprostitution und -pornographie durch das Internet. Was soll nur werden aus diesen vielen traumatisierten Kindern, die so viel Gewalt, Willkür und Ausbeutung erfahren anstelle von Liebe, Frieden und Geborgenheit? Wie sollen aus ihnen jemals später verantwortungsbewusste Erwachsene werden?

Mut machen können Menschen wie der große Humanist Janusz Korczak, geboren 1878 in Warschau, der gesagt hat: „Die Leiden der Kleinen sind keine kleine Leiden. Daher müssen wir ihnen helfen und ihnen zuhören." Er entschied sich, sein Leben ganz den Kindern zu verschreiben, um ihre Rechte durchzusetzen. Seine Karriere als Kinderarzt, Pädagoge und erfolgreicher Autor gab er auf, um sich seinen zwei Waisenhäusern zu widmen. Dort setzte er ein für die damalige Zeit revolutionäres Erziehungssystem um, das den Kindern das Recht auf Meinungsfreiheit, Beteiligung und Versammlung einräumte. Nach seiner Überzeugung mussten Kinder geachtet und geliebt werden. Seine Liebe zu den Kindern war so groß, dass er am 5. August 1942 freiwillig den Zug in das Vernichtungslager Treblinka bestieg – zusammen mit den 200 Kindern aus seinem inmitten des jüdischen Ghettos in Warschau gelegenen Waisenhaus. Obwohl er Gelegenheit bekam, sein eigenes Leben zu retten, verließ er seine Schützlinge nicht, sondern versuchte vielmehr, ihnen beizustehen und ihre Angst zu mindern. Er begleitete sie bis hinein in die Gaskammer.

Solange immer noch Kindern in allen Ländern unserer Welt elementare Menschenrechte vorenthalten werden, ist der von Janusz Korczak als Vorreiter geführte Kampf für die Menschenrechte von Kindern weiterhin notwendig. Jedes Kind, das geboren wird, ist ein Grund, die Welt zu gestalten und die Zukunft besser zu machen. Nehmen wir uns ein Wort, das Korczak hinterlassen hat, zu Herzen: „Es ist nicht hinnehmbar, die Welt in dem Zustand zu lassen, in dem man sie vorgefunden hat."

Lied Wir wünschen, dass jedes Kind auf der Welt lachen kann, 1–3 (Liederbücher)

oder Liebe ist nicht nur ein Wort, 1–3 (Liederbücher)

Fürbitten

V „Solchen wie den Kindern gehört das Reich Gottes." Diese Aussage Jesu überliefern uns die Evangelien. Zu ihm, dem die Kleinen besonders am Herzen lagen, kommen wir mit unseren Anliegen und bitten (am heutigen Weltkindertag):

- Für die Kirchen, die Regierenden und die ganze Gesellschaft, die verantwortlich sind für das Wohlergehen und die Zukunft unserer Kinder, für die Welt von morgen.

A Dona nobis pacem (Liederbücher)

V
- Für die Millionen Kinder und Jugendliche, die Hunger leiden, von Krankheiten bedroht sind und denen aufgrund von Krieg und Terror ihre Kindheit genommen wird.

A Dona nobis pacem.

V
- Für die Minderjährigen, die als Kindersoldaten, Kindersklaven oder sexuell missbraucht werden.

A Dona nobis pacem.

V	○ Für diejenigen, die in unserem Land nicht am Wohlstand teilhaben können, die keine Arbeit finden, die verschuldet sind, die sozial ausgegrenzt werden, und für alle, die auf der Straße leben.
A	Dona nobis pacem.
V	○ Für alle, die sich klein, gedemütigt, macht- und rechtlos, benutzt, beschmutzt und ihrer Würde beraubt fühlen.
A	Dona nobis pacem.
V	Jesus Christus, du hast die Kinder deiner Zeit in den Mittelpunkt gestellt und ihnen Würde verliehen. Berufe in deine Nachfolge Menschen wie den wegweisenden Pädagogen Korczak, die sich mit aller Kraft für den Schutz und die Rechte von jungen Menschen einsetzen. Segne auch heute alle Kinder und Jugendlichen und lass sie deine Nähe spüren. Dir sei Lob und Dank in Ewigkeit.
A	Amen.
Friedensgruß	Komm, wir sagen uns den Frieden, 1–3 (Liederbücher)
Segen	Gott segne euch und behüte euch. Gott lasse sein Angesicht leuchten über euch und sei euch gnädig. Gott erhebe sein Angesicht auf euch und gebe euch Frieden. Das gewähre euch der dreieinige Gott, der Vater und der Sohn und der Heilige Geist.
A	Amen.

MORDE NICHT!

ÖKUMENISCHES FRIEDENSGEBET

Dieses ökumenische Friedensgebet im Gedenken an Bertha von Suttner kann gut zum Internationalen Gebetstag für den Frieden gefeiert werden, zu dem der Ökumenische Rat der Kirchen jährlich am 21. September aufruft. Eine Viertelstunde vor Beginn sind die Kirchenglocken zum Klingen zu bringen. Neben der Gottesdienstleitung sind zwei Vorbeter/-innen anzufragen. Ein Gebetszettel mit dem Fürbittgebet ist vorzubereiten. Sofern die Idee der „Inszenierung“ der Originaltexte von Bertha von Suttner aufgegriffen wird, ist es wichtig, diese vorher gut einzuüben.

Gruß und Einführung

L Wir sind zusammen im Namen Gottes, des Vaters und des Sohnes und des Heiligen Geistes.

A Amen.

L Heute, am Internationalen Gebetstag für den Frieden, beten wir um den Frieden in der Welt und gedenken gleichzeitig der ersten Friedensnobelpreisträgerin, der österreichischen Pazifistin und Publizistin Bertha von Suttner. Vielleicht haben Sie das Friedensgeläut unserer Kirchenglocken gehört, die wir als hörbares Zeichen vorhin eine Viertelstunde haben klingen lassen. Glocken erinnern an Gottes Liebesgeschichte mit den Menschen und rufen weithin hörbar zum Gebet. Mit diesem Glockenläuten verbinden wir uns mit allen Menschen, die sich wie die mutige Bertha von Suttner für Frieden, Gerechtigkeit und Bewahrung der Schöpfung einsetzen. 1843 geboren, wurde sie zu einer führenden Frau in der Friedensbewegung Ende des 19. Jahrhunderts.

Lied Wende das Böse (Liederbücher)

Bußakt *Aktuelle Anliegen oder spontane Äußerungen von Sorge, Angst oder Klage können vorgebracht und durch Kyrie-Rufe gebündelt werden.*

L Vieles, was aktuell in diesen Tagen in unserer Welt geschieht, erfüllt uns mit Angst und Sorge. Unseren Gott, der uns alle und alles, was sich ereignet, in seinen Händen hält, rufen wir um Erbarmen an.

L Gott, ich bringe vor dich …

A Herr, erbarme dich (GL 157/EG 178,11)

L Gott, ich bin besorgt, weil …

A Herr, erbarme dich.

L Gott, ich klage dir …

A Herr, erbarme dich.

Gebet Gütiger Gott, dein Sohn hat jene seliggepriesen und deine Töchter und Söhne genannt, die für den Frieden wirken. Du willst nicht, dass Böses mit Bösem vergolten wird. Mach uns bereit, immer und überall für die Gerechtigkeit einzutreten, die allen den wahren Frieden sichert. Darum bitten wir durch Jesus Christus, unseren Herrn.

Lesung Mt 5,21–26

Ansprache

In dem gehörten Passus aus der Bergpredigt wiederholt und verstärkt Jesus das Verbot zu morden, das eines der Zehn Gebote aus dem Ersten Testament ist. Er spitzt es provokant zu: Nicht nur wer aus niedrigen Beweggründen tötet, ist ein Mörder. Auch wer seine Mitmenschen hasst, beschimpft und unversöhnlich ist, verstößt massiv gegen Gottes Willen, weil er die Lebensmöglichkeiten seiner Mitmenschen beschneidet. Gott erwartet von uns, dass wir uns in Liebe unseren Nächsten zuwenden und mit ganzem Herzen nach Gerechtigkeit und Frieden streben. Ganz sicher will Gott nicht kriegerische Aufrüstung und Waffengewalt, die fast immer die Wehrlosen und Ärmsten trifft.

Mit vollem Einsatz für den Frieden gelebt hat Bertha von Suttner. Auch wenn sie mit der Kirche und ihren Vertretern haderte, weil sie deren zeitbedingte Sympathien für Soldatentum und Kriegshandlungen nicht teilen konnte, ist sie mit Fug und Recht als Friedensstifterin im Sinne der siebten Seligpreisung der Bergpredigt anzusehen. Sie wollte die Menschen aufklären, welch immenses Leid durch Kriege entsteht. Sie wandte sich vehement gegen Gewalt, Krieg und jede Verharmlosung des Kriegsgeschehens sowie Verehrung von Soldaten als Helden. Obwohl sie von rechtsnationalistischer Seite als hysterische „Friedens-Bertha" verspottet wird, hält sie ihren kriegslüsternen Gegnern die These entgegen: Angesichts moderner Waffentechnologie seien Kriege unvernünftig und führten zu systematischer gegenseitiger Vernichtung. Ihr Roman mit dem Titel „Die Waffen nieder" erregte international Aufsehen. Sie trat als Rednerin auf zahlreichen Friedenskongressen auf und wurde sogar ins Weiße Haus eingeladen. Als eine der ersten Frauen der Welt, die sich aktiv für die Abschaffung von Waffen einsetzten, forderte sie dazu auf, die Spirale von Gewalt und Gegengewalt zu durchbrechen und ein internationales Schiedsgericht einzurichten.

Bis heute gibt es leider keine funktionierende Friedensunion aller Völker, die um Abrüstung und Gerechtigkeit ringt und daran arbeitet, Konflikte zwischen den Staaten friedlich zu lösen. Dabei wäre sie nötiger denn je. Die Rüstungsspirale dreht sich in unglaublichem Tempo, und die Waffenarsenale – auch atomarer Art – reichen aus, die Menschheit mehrfach zu vernichten. Machthaber in Ost und West, die mit dem Feuer spielen, schüren zusätzliche Ängste.

Bertha von Suttner starb wenige Tage vor Ausbruch des Ersten Weltkriegs, den sie vorausgeahnt und vor dessen schrecklichen Auswirkungen sie immer wieder gewarnt hatte. Lassen wir diese bemerkenswerte Friedensstifterin, die sich auch vehement gegen qualvolle Tierversuche aussprach, direkt zu uns reden.

Wir hören einige Zitate bzw. Originaltexte von Bertha von Suttner.

Eine besondere „Inszenierung" könnte die Wirkung der Texte verstärken (z. B. mehrere Sprecher/-innen mit möglichst verschiedenen Stimmlagen sprechen die Texte von einem Ort aus, den die Gottesdienstteilnehmer nicht sehen). Alternativ könnte versucht werden, die Texte „ineinanderlaufen" zu lassen, d. h. der nächste Sprecher/die nächste Sprecherin beginnt mit dem Text bereits während der letzten Silben des vorhergehenden Textes.

V 1 Als ob das Töten irgendetwas gutmachen könnte! Als ob vergossenes Blut überhaupt etwas reinigen, etwas Geschehenes ungeschehen machen könnte! O, über den geheiligten Widersinn, unter dessen Herrschaft die blöde Welt sich gestellt hat.

V 2 Feinde der Menschheit, die da sind: Rohheit und Lüge!

V 1 Rache und immer wieder Rache! Keinem vernünftigen Menschen wird es einfallen, Tintenflecken mit Tinte, Ölflecken mit Öl wegwaschen zu wollen. Nur Blut, das soll immer wieder mit Blut ausgewaschen werden.

V 2 Das Gedächtnis der Menschen ist so furchtbar kurz.

V 1 Wer die Opfer nicht schreien hören, nicht zucken sehen kann, dem es aber, sobald er außer Seh- und Hörweite ist, gleichgültig ist, dass es schreit und zuckt, der hat wohl Nerven, aber – Herz hat er nicht.

V 2 Von hundert gebildeten und feinfühlenden Menschen würden schon heute wahrscheinlich neunzig nie mehr Fleisch essen, wenn sie selber das Tier erschlagen oder erstechen müssten, das sie verzehren.

V 1 Die Religion rechtfertigt nicht den Scheiterhaufen, der Vaterlandsbegriff rechtfertigt nicht den Massenmord, und die Wissenschaft entsündigt nicht die Tierfolter.

V 2 Merkwürdig, wie blind die Menschen sind! Die Folterkammern des finsteren Mittelalters flößen ihnen Abscheu ein; auf ihre Arsenale aber sind sie stolz.

V 1 In politischen Dingen, beinahe noch williger als in religiösen, lässt sich die Masse von dem Prinzip des *quia absurdum* lenken; auf das Verstehen und Begreifen wird von vornherein verzichtet. Ist das Schwert einmal gezogen, dann bedarf es nichts mehr als des Rufes „Hurra“ und des heißen Siegesdrangs. Dazu ruft man nur noch den Segen des Himmels auf den Kampf herab.

V 2 Es ist eine bekannte Tatsache, dass man mit gewissen Schlagworten der leichtgläubigen Menge nach Belieben Sand in die Augen streuen kann.

V 1 Der Radiumkondensator ist erfunden. Mit von Wolkenhöhen herabgesandten Radiumstrahlenbündeln in ein paar Minuten feindliche Flotten und Heere zu vernichten, ist ein Kinderspiel.

V 2 Der nächste Krieg wird von einer Furchtbarkeit sein wie noch keiner seiner Vorgänger.

V 1 Ich weiß, Ihr haltet mich für eine lächerliche Närrin. Gebe Gott, dass Ihr recht behalten möget.

V 2 Ihre letzten Worte 1914 auf dem Sterbebett sollen gewesen sein: „Die Waffen nieder! Sag's vielen, vielen!"

Lied Wende das Böse (Liederbücher)

Bittgebet *gemeinsam:*
Um deine Kraft zum Frieden bitten wir, guter Gott:
Wir erkennen dankbar, dass es unter uns Menschen gibt – einflussreiche und unbekannte –,
die Spannungen überbrücken,
die nicht aufhören zu verhandeln,
die überall den Frieden suchen.

Um deine Kraft zum Frieden bitten wir, guter Gott:
um den Mut, allen entgegenzutreten,
die an gewaltsame Lösungen denken,
die mit Gedanken an Krieg ihr Spiel treiben,
die durch spannende Schilderungen den Krieg verharmlosen.

Um deine Kraft zum Frieden bitten wir, guter Gott:
dass wir die schrecklichen Folgen der Kriege nicht

vergessen oder verschweigen;
dass wir eintreten für Versehrte und Verstörte,
für die Opfer trennender Grenzen,
für die Minderheiten und Flüchtlinge – dass wir sie verstehen und unter uns aufnehmen.

Um deine Kraft zum Frieden bitten wir, guter Gott.

Q 2

Segensbitte Der Gott, der sich bewegen lässt,
mache euch zum Aufstand bereit,
dass ihr die Wahrheit sagt,
wo sie totgeschwiegen wird;
dass ihr die Schwachen stärkt,
wo sie an den Rand gedrängt werden;
dass ihr der Gewalt wehrt,
wo sie sich mächtig macht;
dass ihr dem Tod entgegentretet,
wo er Menschenwerk ist.
Dazu stärke uns
der dreieinige Gott mit seinem Segen:
Es segne und behüte uns
der allmächtige und barmherzige Gott,
der Vater, der Sohn und der Heilige Geist.

A Amen. *Q 3*

Schlussgesang Herr, gib uns deinen Frieden (*Kanon* – EG 436/Liederbücher)

DIE ZEICHEN ERKENNEN

VESPERGOTTESDIENST

Dieser Abendgottesdienst kann am 75. Jahrestag der Befreiung des Konzentrationslagers Ravensbrück (22. April 2020) oder am Gedenktag für die Opfer des Nationalsozialismus (27. Januar) gefeiert werden. Der Gottesdienst ist besonders, aber nicht ausschließlich für eine Frauengruppe geeignet. Ein Vorsänger/eine Vorsängerin oder eine Schola für das Singen der Psalmen sowie zwei Sprecher/-innen für die Fürbitten sollten angefragt werden. Ein dunkelblaues Tuch ist an einem passend erscheinenden Ort hinzulegen. Neun Rosen zum Ablegen nach jeder Fürbitte sind bereitzuhalten.

[Einzug *Orgelspiel*]

Eröffnungsruf

L O Gott, komm mir zu Hilfe.
A Herr, eile, mir zu helfen.
L Ehre sei Gott in der Dreifaltigkeit.
A Wie im Anfang so auch jetzt und alle Zeit und in Ewigkeit. Amen.

Einführung Wir sind zu einem Vespergottesdienst am Gedenktag der Befreiung des Konzentrationslagers Ravensbrück zusammengekommen, um uns zu erinnern. Heute vor 75 Jahren holte die Rote Armee die dort zurückgelassenen Kranken aus dem Lager heraus. Halten wir in dieser Abendstunde inne und denken wir besonders an die Frauen, die in nationalsozialistischer Zeit Widerstand geleistet haben und dafür mit dem KZ bestraft wurden. Beispielhaft für den immens großen Mut, die Stärke und Courage dieser Frauen ist die Theologin Katharina Staritz, die ihr Leben eingesetzt hat, um jüdische Mitbürger zu retten. Als ihr Erbe und das vieler unbekannter Menschen mit ihr bleibt, dass auch in Zeiten schlimmster Grausamkeiten und tiefster Verzweiflung die Würde des Menschen unantastbar ist. Erfüllen wir die Bitte der Frauen in Ravensbrück: „Schwestern, vergesst uns nicht!“

Hymnus Sonne der Gerechtigkeit (GL 481,1–2.4)

V Als im September 1941 per Polizeiverordnung alle Juden ab dem sechsten Lebensjahr verpflichtet wurden, einen handtellergroßen gelben Judenstern zu tragen, kritisierte Katharina Staritz als Vikarin in Breslau diese Maßnahme als ausgrenzend auch für viele evangelische Christen jüdischer Herkunft und ihre Kinder. Sie schrieb an die Breslauer Gemeinde: „Es ist Christenpflicht der Gemeinden, diese nicht etwa wegen der Kennzeichnung vom Gottesdienst auszuschließen. Sie haben das gleiche Heimatrecht in der Kirche wie die anderen Gemeindemitglieder und bedürfen des Trostes aus Gottes Wort besonders. Für die Gemeinden besteht die Gefahr, dass sie sich durch nicht wirklich christliche Elemente irreführen lassen, dass sie die christliche Ehre der Kirche durch unchristliches Verhalten gefährden.“ Mit diesem Rundschreiben stellte Staritz sich öffentlich gegen die staatliche Linie der Naziherrschaft und riskierte damit ihr Leben. Verhaftung und Inhaftierung waren die Folge ihres mutigen Widerstands.

Erster Psalm Ps 22 (GL 36,1–2.13–20.22)
Vorsänger/-in oder Schola und Gemeinde im Wechsel

Psalmoration Gott, unser Helfer,
du bist Zuflucht im Elend und Hoffnung in der Not.
Verlass uns nicht
und tröste uns durch deine Gegenwart. *Q 4*

V Im Frauenkonzentrationslager Ravensbrück versammelt Katharina Staritz Mitgefangene in heimlichen Andachten um sich, hält Gottesdienste während des stundenlangen Marschierens auf der Lagerstraße. Sie stärkt und tröstet die Frauen, die abends noch heimlich zu ihr kommen, und segnet sie. Ihre Hauptaufgabe besteht darin, Menschen, die unsägliche Unmenschlichkeit, Gewalt und Folter erfahren, zu helfen, diese Hölle zu überstehen. Kurz vor ihrem Tod schreibt sie davon, dass sie im Konzentrationslager „die Nähe und Kraft Gottes in nie gekannter Unmittelbarkeit“ erfahren habe.

Zweiter Psalm Ps 142 (GL 75)
Vorsänger/-in oder Schola und Gemeinde im Wechsel

V Was sind 75 Jahre vor dir, Gott? Du gedenkst der Schreie und Tränen der Gepeinigten von einst und heute. Tag und Nacht leidest du mit ihnen.
Du berufst aber auch Menschen, die in Zeiten tiefster Not um der Würde des Menschen willen solidarisch sind. Hilf, dass wir zu denen gehören, die dich bezeugen und das Reich der Gewalt verlassen, um Leben in deinem Reich des Friedens, der Gerechtigkeit und Liebe zu finden.

Gesang aus dem Neuen Testament
Seligpreisungen (GL 651,7.8)

Lesung Lk 21,5–19

Antwortgesang Herr, unser Gott, bekehre uns (GL 640,1)

Geistlicher Impuls
Vieles aus dem gehörten Evangelium klingt, als würde die grausame Zeit des Nationalsozialismus beschrieben. Etwa die Fragen der Jünger an Jesus: „Wann wird das geschehen, dass kein Stein mehr auf dem anderen bleibt? An welchen Zeichen wird man erkennen, dass diese schrecklichen Dinge geschehen und sich ein Volk gegen das andere erhebt?“ Die mutige und standhaft gebliebene Katharina Staritz hat die Zeichen des Schreckens schon früh erkannt, sich nicht irreführen lassen und das große Unrecht der damaligen Zeit nicht widerspruchslos hingenommen wie so viele andere – auch in der Kirche. Ihr Leben sichtbar zu machen – stellvertretend für viele namenlose Frauen in Ravensbrück – ist eine Botschaft des Friedens.

1903 in Breslau geboren, wächst Katharina, gefördert durch ihren Vater und ihr wohlgesonnene Lehrpersonen, zu einer hochintelligenten, eigenständigen Frau heran, die Theologie studiert und als eine der ersten Frauen in Deutschland promoviert. Dem damaligen Frauenbild entsprechend, das sich nach Machtantritt der Nationalsozialisten noch mehr verengt, darf sie trotz ihrer außerordentlich guten Examensergebnisse nicht als Pfarrerin arbeiten, sondern lediglich als Stadtvikarin mit eingeschränktem Tätigkeitsbereich und wesentlich geringerem Verdienst. Neben der Frauen- und Jugendarbeit sowie der Seelsorge an der Universitätsklinik gibt sie Unterricht für Taufbewerber, unter ihnen auch Juden. 1938 übernimmt sie die Leitung der Schlesischen Vertrauensstelle des Büros Pfarrer Grüber. Immer mehr Menschen, die unter den Rassengesetzen der Nazis leiden, suchen bei ihr Rat und Hilfe. Katharina Staritz besorgt für Juden und Christen mit jüdischen Eltern oder Großeltern Unterkünfte und falsche Pässe. Sie verhilft über hundert „nichtarischen" Menschen zur Auswanderung und rettet dadurch deren Leben. Im Dezember 1940 wird Heinrich Grüber in ein Konzentrationslager inhaftiert. Die Gestapo schließt 1941 das Büro und verschleppt ebenso auch Grübers Stellvertreter. Katharina Staritz und ihre Schwester Charlotte arbeiten mit hohem persönlichem Einsatz im Untergrund weiter. Als Katharina sich 1941 mit dem erwähnten Rundbrief an die Breslauer Pfarrer für die getauften Juden einsetzt, wird sie von ihren Amtsbrüdern im Stich gelassen. Die schlesische Kirchenleitung entlässt sie. 1942 wird auch sie verhaftet mit der Begründung, die Bevölkerung müsse vor ihr geschützt werden. 14 Monate lang, bis Mai 1943, ist sie in Gefangenschaft, zuletzt in Ravensbrück bei Fürstenberg, dem größten Frauenkonzentrationslager Europas.

Der Hass der Naziideologie galt nicht nur den jüdischen Frauen, den Polinnen, den Sinti und Roma, den Zeuginnen Jehovas, sozial am Rand stehenden Frauen sowie den als entartet bezeichneten lesbischen Frauen, sondern auch unangepassten, widerständigen Frauen der europäischen Frauen- und Arbeiterbewegung, den Widerstandsgruppen gegen den Faschismus sowie deren Unterstützerinnen aus allen sozialen Schichten aus mehr als 20 Ländern. Zehntausende Menschen, vor allem Frauen – teilweise werden Zahlen von über 90 000 genannt – wurden in Ravensbrück erschossen oder vergast, verhungerten, starben an Krankheiten, durch Misshandlungen und sexuelle Gewalt oder wurden Opfer medizinischer Versuche. Das unermüdliche Engagement von Charlotte Staritz führt dazu, dass

Katharina 1943 „probeweise“ und unter Gestapo-Überwachung entlassen wird. Anfang 1945 gelingt es den Schwestern, mit ihrer Mutter vor der nahenden Roten Armee nach Marburg zu fliehen. Dort wird Katharina Staritz die Ordination wiederum verweigert. Wie die meisten der Überlebenden leidet sie stark an den Folgen der Haft. Trotz ihrer gesundheitlichen Probleme kämpft sie gegen Vorurteile und Widerstände hartnäckig um die Gleichstellung mit ihren männlichen Kollegen. Als sie 1950 nach Frankfurt zieht, übernimmt sie die Evangelische Kirche in Hessen und Nassau als erste Pfarrerin ins Beamtenverhältnis. Drei Jahre später erliegt Katharina Staritz mit 49 Jahren einer schweren Erkrankung.

Nach den Gräueln der Massenvernichtung und den schrecklichen Geschehnissen des Holocaust scheint es undenkbar zu sein, dass sich derart menschenverachtendes Gedankengut jemals wieder ausbreitet. Doch heutzutage passiert Unglaubliches: Auf Asylbewerberheime, jüdische Friedhöfe und Synagogen werden wieder Anschläge verübt. Überall lässt sich wachsender Rassismus und Antisemitismus beobachten, neue rechtsextreme Gruppierungen haben starken Zulauf, Hass gegen Ausländer ist schon fast an der Tagesordnung. Ausgerechnet in Deutschland hat es eine sich am äußersten rechten Rand bewegende Partei bis in den Bundestag geschafft und reicht mit ihren Wahlergebnissen an etablierte bürgerliche Parteien heran. In immer mehr Ländern sind demagogische Rechtspopulisten in der Regierung und verbreiten Lügen und Hetzparolen. Dürfen wir angesichts dessen noch schweigen und meinen, das alles gehe uns nichts an?

Wie aktuell klingen da Jesu Worte: „Gebt acht, dass man euch nicht irreführt! Lauft ihnen nicht nach!“ Die Zeichen erkennen und bis zum Ende ausharren – mutige Frauen wie Katharina Staritz in Ravensbrück, andere Menschen des Widerstands und viele namenlose Heldinnen und Helden erinnern uns, was das bedeuten kann. Auf ihrem Sterbelager bezeichnete Katharina Staritz ihre Haftzeit als ein Jahr des Herrn. Nach Erfahrungen extremster Situationen noch zu glauben, kann nur jemand, der erfahren hat, dass Gott auch in den katastrophalsten Bedrohungen bei ihm ist. Diese große Friedensfrau mitten im Krieg ist standhaft geblieben und hat das Leben in Christus gewonnen.

Magnificat GL 640,2 (KV) *mit* GL 634,4

Fürbitten

V In den nahe bei Ravensbrück gelegenen Schwedtsee wurde die Asche aus dem Krematorium verstreut. Er gilt als das größte Massengrab im Lager von Ravensbrück und wird „See der Tränen“ genannt. Bei allen Gedenkfeiern übergeben Menschen dem See Rosen als Symbol der Verbundenheit der Lebenden mit den Toten. Legen wir nach jeder Fürbitte eine Rose auf das blaue Tuch und halten einen Moment Stille.

Nach jeder Fürbitte legt die Sprecherin, die gerade nicht liest, eine Blume ab.

V Mutige Frauen aus Ravensbrück wie Katharina Staritz haben uns ihre Botschaft von unzerstörbarer Würde und Selbstachtung hinterlassen. Wir gedenken ihrer und aller Opfer des Nationalsozialismus und vertrauen sie Gottes Tröstung und Gerechtigkeit an:

S 1
- die sechs Millionen Kinder, Frauen und Männer des jüdischen Volkes, die in Konzentrationslagern ermordet wurden – *Stille*
- die ermordeten Sinti und Roma – *Stille*
- die ermordeten Angehörigen des polnischen Volkes – *Stille*

A Erhöre uns, Herr, erhöre uns! (GL 632,1)

V Wir gedenken ihrer und aller Opfer des Nationalsozialismus und vertrauen sie Gottes Tröstung und Gerechtigkeit an:

S 2
- die ermordeten homosexuellen Frauen und Männer – *Stille*
- die ermordeten Widerstandskämpferinnen und -kämpfer – *Stille*
- die ermordeten Intellektuellen, Künstlerinnen und Künstler und politisch Engagierten – *Stille*

A Erhöre uns, Herr, erhöre uns!

V Wir gedenken ihrer und aller Opfer des Nationalsozialismus und vertrauen sie Gottes Tröstung und Gerechtigkeit an:

S 1
- die ermordeten Zeuginnen Jehovas – *Stille*
- die ermordeten behinderten Menschen – *Stille*
- die Überlebenden der Schoah, die zeitlebens unter deren Folgen zu leiden hatten oder noch haben – *Stille*

A Erhöre uns, Herr, erhöre uns!

Vaterunser

V Lasst uns ein dem Vaterunser nachempfundenes Gebet einer Insassin aus Ravensbrück hören:
Gott, denke nicht nur an die Männer und Frauen guten Willens, sondern auch an die mit bösem Willen. Doch erinnere dich nicht an die Leiden, die sie uns zugefügt haben. Erinnere dich an die Früchte, die wir durch dieses Leiden gebracht haben, unsere Kameradschaft, unsere Loyalität, unsere Demut, unseren Mut, unsere Großzügigkeit, die Größe des Herzens, die daraus gewachsen ist. Und wenn sie zum Gericht kommen, lass alle Früchte, die wir hervorgebracht haben, ihre Vergebung sein. Vergib den Menschen, die bösen Willens sind, und mache ein Ende aller Rache. In der Erinnerung unserer Feinde sollen wir nicht als Opfer weiterleben, vielmehr ihnen zu Hilfe kommen, damit sie absehen von ihrem Wahn, damit Friede sein möge auf dieser armen Erde den Menschen, die guten Willens sind, und damit dieser Friede auch zu den anderen komme.

A Denn dein ist das Reich und die Kraft und die Herrlichkeit in Ewigkeit. Amen.

Meditation *Herzozean*

Nimm meine Hände
in die deinen
Ich möcht' ein blaues Meer
von Tränen
in deine Tiefe weinen

Verfasser unbekannt

Stille

Segensbitte Mit seiner Liebe segne Gott diesen Abend.
Sein Wort sei Lichtschein für unser Leben.
Er beschütze und behüte uns in Freud und Leid
und schenke uns Frieden und Heil.
Das gewähre uns der barmherzige Gott,
der Vater und der Sohn und der Heilige Geist.

A Amen.

Gesang Salve, Regina (GL 666,4)

[Auszug]

DU HEILENDE LIEBE

ÖKUMENISCHER PREDIGTGOTTESDIENST

In diesem Modell für einen ökumenischen Predigtgottesdienst wird besonders eine namenlose junge Frau, die Sklavin des Naaman, als Friedensfrau gewürdigt. Der Schwerpunkt der Feier liegt auf der Wortverkündigung. Die Auslegung der Schriftstelle nimmt eine zentrale Position ein. Der Gottesdienst könnte an Gedenktagen, die an Opfer von Kriegen, an Zwangsarbeiterinnen erinnern, oder am 1. Januar, dem Welttag des Friedens, zum Einsatz kommen.
Der Gottesdienst wurde leicht überarbeitet entnommen aus: Barbara Palm-Scheidgen, Sucht mein Antlitz! Frauengottesdienste (Konkrete Liturgie), Regensburg 2017, 25–30.

Lied Komm näher, Friede, 1–3 (Liederbücher)

Einführung Herzlich willkommen zu diesem ökumenischen Friedensgottesdienst! Angesichts der Friedlosigkeit zwischen Menschen, Völkern und Nationen haben wir ihn angekündigt mit der Überschrift „Du heilende Liebe“. Denn mit diesem Namen könnte sich die namenlose Sklavin des Naaman, selbst ein Kriegsopfer, zu Gott bekannt haben. Sie wollen wir beim Hören des Schriftwortes besonders wahrnehmen. Wie so oft sind es die Kleinen, die einfachen, oft leidgeprüften Menschen, die sensibel für die heilende Kraft Gottes sind. Sie haben nicht die Lobby der Großen und Mächtigen. Daher ist es so wichtig, dass wir die friedensfördernde Initiative der jungen jüdischen Sklavin lebendig halten.
Im Bewusstsein unserer Begrenztheit strecken wir uns aus nach Versöhnung, Frieden und Heil im Namen unseres Gottes, im Namen Jesu und im Namen der Geistkraft. Amen.

Lied Meine engen Grenzen (GL 437/EG 600,1–4)

Gebet *gemeinsam beten; Gebetszettel für alle Teilnehmenden liegen bereit.*

Guter Gott,
öffne meine Augen,
damit ich Not sehe.
Öffne meine Ohren,
damit ich Hilferufe höre.
Öffne mein Herz,
damit ich Leiden bemerke
und Mitleid fühle.
Zeige mir, wo ich zu mehr
Frieden und Gerechtigkeit beitragen kann.

Lesung 2 Kön 5,1–19
Der Bibeltext kann mit verteilten Rollen gelesen werden.

Predigt

Einen spannend und lebendig erzählten Bibeltext aus dem Ersten Testament haben wir eben gehört. Meist wird ihm die Überschrift „Die Heilung des Naaman" gegeben. Oberflächlich betrachtet ist die Wunderheilung dieses Mannes durch den Propheten Elischa sicher zentrales Geschehen. Schauen wir genauer hin, spielen aber noch weitere Personen und ihre Beziehungen zueinander eine bedeutsame Rolle. Und blicken wir tiefer in die Erzählung hinein, tun sich wichtige theologische, gesellschaftliche und politische Themen auf.

Holen wir uns zunächst die Personen im Haus des Naaman vor Augen! Der Hausherr hat einen sogenannten sprechenden Namen. Naaman bedeutet im Hebräischen „der Faire, der Freundliche, der Großzügige": Er wird als tapferer, erfolgreicher Feldherr des Königs von Aram beschrieben – groß, angesehen, mächtig. Er ist der zweite Mann im Staat nach dem König und verfügt über einen beträchtlichen Militärapparat. Für die Israeliten irritierend ist sicher, dass der Repräsentant einer vielfach als bedrohlich erfahrenen Armee seinen Sieg Jahwe, dem Gott Israels, zu verdanken hat. Naaman scheint ein Mann zu sein, dem es an nichts fehlt. Doch Achtung, ganz stimmt dies nicht: Naaman ist krank, er leidet an Aussatz.

Völlig anders stellt sich die Situation der jungen Israelitin dar, die im Haus des Aramäer-Generals Naaman als Sklavin tätig ist. Bei einem „Streifzug", d. h. einem kriegerischen Überfall, wurde sie als rechtlose Beute aus Israel von den Aramäern gewaltsam verschleppt. Was genau ihr dabei alles widerfahren ist, gibt der Text nicht wieder. Doch was die Behandlung von im Krieg gefangenen Frauen durch das Militär angeht, war und ist diese zu allen Zeiten meist skandalös grausam. So belegen die Gräuel der Schoah und die Vergewaltigungen der Frauen im Bosnienkrieg dies nur zu schmerzlich. Die junge Israelitin steht als Sklavin und Kriegsgefangene, fremd im Exil und ohne Angehörige, ganz unten in der sozialen Rangordnung. Sie nimmt die letzte Position im häuslichen Anwesen des wohlhabenden Generals ein, wobei sie diesem wohl nicht sexuell zur Verfügung stehen muss, da sie ausdrücklich der Herrin des Hauses als Dienerin zugeordnet ist.

Die Frau des Naaman, zweite namenlose Frau dieser Geschichte, hat die erste Position im Haus inne. Sie verfügt entsprechend der Stellung ihres Mannes über hohen Einfluss, Ansehen und Wohlstand. Das soziale Gefälle zwischen ihr, die für das mächtige Volk der Aramäer steht, und der jungen Kriegsgefangenen aus dem unterlegenen Volk Israel könnte nicht größer sein.

Umso erstaunlicher ist, was sich zwischen diesen beiden Frauen abspielt. Die Heilung des Naaman geschieht nicht isoliert und von jetzt auf gleich. Sie kann nur passieren, weil sie von den beiden so unterschiedlichen Frauen seines Hauses direkt zu Beginn der Erzählung in Gang gebracht wird. Das junge Mädchen hat offenbar so großes Mitleid mit dem Ehemann ihrer Herrin, dass sie seine Heilung wünscht. Deshalb wagt sie es, der zweiten Frau im Staat den aus ihrer Sicht einzig hilfreichen Lösungsvorschlag zu unterbreiten: „Wäre mein Herr doch bei dem Propheten in Samaria! Er würde seinen Aussatz heilen." Was für eine empathische Tat der Barmherzigkeit dieser Frau, die gegen ihren Willen im Haus des Feindes als Sklavin arbeiten muss! Es ist aber auch nicht selbstverständlich, dass ihre Herrin akzeptiert, dass dieses von ihr abhängige Mädchen ihr, der nach der Königin ranghöchsten Frau Arams, einen Rat gibt und dass sie diesen dann auch noch befolgt. Zwei Frauen begegnen sich hier auf menschlicher Ebene und überwinden soziale Grenzen, Grenzen von Feindschaft und Macht. Die Frau des Naaman lässt sich auf eine Umkehrung der Rollen ein. Sie beschreitet ohne Zögern den Weg der Heilung, der ihrem Mann noch bevorsteht.

Der hochrangige General begibt sich auf einen langwierigen Wandlungsprozess, in dem er Schritt für Schritt von seinem hohen Ross heruntersteigen muss. Die Krankheit ist ein anderer Feind als der, den er auf seinen kriegerischen Feldzügen zu besiegen hat. Heil werden kann er nur durch kontinuierliche Abrüstung, die ebenso für den Frieden unabdingbare Voraussetzung ist. Erst als er endlich auf dringliches Zureden seiner Diener dem Heilungsversprechen des Boten des Propheten Elischa Folge leistet, erst als er ohne Rüstungspanzer nackt und schutzlos in die Tiefen des Jordans hinabsteigt und siebenmal untertaucht – erst dann geht er seiner Heilung entgegen. Sein Körper wird so gesund wie der Leib eines jungen Kindes. Endlich ist Naaman neu geboren, so rein wie das junge Mädchen, das ihm sein Umkehren, seine Wende zum Heilwerden ermöglicht hat. Erst als er sich auf den gleichen Status wie seine Sklavin einlässt, Knecht Gottes wird, wird er an Leib und Seele gesund.

Eine existenzielle Frage, die diese alte biblische Geschichte uns stellt, lautet: Was ist heilsam? Die Antwort, die sie gibt, ist auch heute noch gültig. Sie fokussiert den Blick auf den ganzen Menschen mit all seinen Verwundungen. Erst wenn dieser sich völlig der heilenden Liebe Gottes übergibt und auf dem Weg dahin vorurteilslos auf Gottes Botinnen und Boten hört, geschieht ganzheitliche Gesundung. So wie im individuellen Bereich vor allem eine geänderte Sichtweise befreiend und heilsam wirkt, so gilt dies erst recht in den großen Zusammenhängen von Gesellschaft und Politik. Ohne Umdenken, ohne prophetische, mutige Friedensstifter, ohne andere Kommunikationsstrukturen, ohne veränderte Machtverhältnisse, ohne Verzicht auf ein festgefahrenes Freund-Feind-Denken kommen wir dem Frieden unter den Völkern nicht näher.

Obwohl die Erzählung an Orte angedockt ist, geht es nicht um historische Aussagen – die beiden Könige sind z. B. nicht durch ihre Namen gekennzeichnet. Die durch alle Zeiten hindurch gültige theologische Aussage ist es, auf die es ankommt. Die Sklavin und auch die Ehefrau des Naaman leben, was Jesus in seiner Bergpredigt verkündet: Sie schaffen Frieden. Sie übermitteln die Erkenntnis, dass Frieden nur zu haben ist, wenn ich selbst ihn gebe. Heilung und Frieden gehören eng zusammen. Das Beispiel der kleinen und doch so großen Sklavin kann Frauen und Männer ermutigen, unermüdlich nach Schalom, nach umfassendem Heilsein zu streben.

Fürbitten Gott, in diese Welt der kriegerischen Konflikte, in eine Welt mit Gewalt und Unheil hast du deinen Sohn Jesus Christus als unseren Heiland gesandt. Ihm wollen wir unsere Bitten anvertrauen.

- Lass den Aufruf von Papst Franziskus zum Weltfriedenstag 2019 an alle Christinnen und Christen, Friedensstifter und authentische Botschafterinnen und Botschafter Gottes zu sein, nicht auf taube Ohren stoßen.

A Christus, höre uns. Christus, erhöre uns. (GL 586,5)

- Beende das unsägliche Leid von Kriegsgefangenen, zwangsweise verschleppten Menschen und von jungen Mädchen und Frauen, die in Kriegszeiten oft Zielscheiben für sexuelle Gewalt sind.

A Christus, höre uns. Christus, erhöre uns.

- Stärke Friedensinitiativen und -verbände, die in Politik und Gesellschaft unermüdlich für den Frieden wirken, und ermutige dazu, die Konflikt- und Friedensforschung voranzutreiben.

A Christus, höre uns. Christus, erhöre uns.

- Sei nahe allen Kranken und schenke ihnen Zutrauen in deine heilende Kraft.

A Christus, höre uns. Christus, erhöre uns.

- Nimm unsere Toten in deiner Barmherzigkeit auf und beschenke sie mit ewiger Geborgenheit bei dir.

A Christus, höre uns. Christus, erhöre uns.

Gott, Zuflucht aller Menschen. In Jesus Christus hast du den Weg zum Frieden gezeigt. Dir danken wir heute und alle Tage unseres Lebens. Amen.

Lied Menschen auf dem Weg durch die dunkle Nacht, 3 (Liederbücher)

Gebet Herr, mach mich zu einem Werkzeug deines Friedens (GL 19,4/EG 875 – *gemeinsam beten*)

Friedensgruß Der Prophet Elischa hat Naaman mit dem Friedensgruß entlassen und damit bestätigt, dass Gott in jedem Land wirkt. Wir wollen uns den Frieden Gottes wünschen mit dem Lied „Hevenu schalom alejchem".

Gesang Hevenu schalom alejchem (EG 433/Liederbücher)

Segensbitte Gott segne und behüte uns.
Gott lasse sein Antlitz leuchten über uns und sei uns gnädig.
Gott wende sein Angesicht uns zu und schenke uns Heil.

Sendung Mit dem Friedensgruß und dem Segenswunsch begeben wir uns wieder hinaus in unsere alltägliche Welt. Sie sind jetzt eingeladen, zunächst singend und dann miteinander über mögliche konkrete Schritte des Friedens sprechend ein kurzes Stück Weg gemeinsam zu gehen bis zu … *(ausgewähltes Ziel einsetzen).*

Als anzulaufendes Ziel in der Nähe könnte z. B. ein Friedensdenkmal, ein Kreuz am Weg, eine Einrichtung, die sich friedenspolitisch oder sozial engagiert, in Betracht kommen. Hier werden die Teilnehmenden verabschiedet bzw. es wird noch – sofern möglich und erwünscht – die jeweilige Einrichtung besucht.

Kanon Und richte unsere Füße (EG 679)

LICHT SEIN IN DUNKLER ZEIT

WORTGOTTESDIENST ZUM THEMA EUROPA

Der Gottesdienst kann am Gedenktag des heiligen Luidger (26. März) oder in der Europawoche (um den 9. Mai, den Europatag) gefeiert werden. Für das fiktive Gespräch zwischen einem proeuropäischen Vertreter von heute und Liudger sind zwei Personen (eine jüngere und eine ältere) anzufragen. Da fast alle vorgeschlagenen Lieder nicht im Gotteslob zu finden sind, empfiehlt es sich, ein Liedblatt vorzubereiten.

Lied Salz sein, Licht sein, Christ sein, 1–3 (Liederbücher)
oder Singt dem Herrn, alle Völker, 1–2.4 (Liederbücher)

Einführung In diesem Friedensgottesdienst blicken wir auf Europa. Wir wollen uns dabei an einen Mann erinnern, der im besten Sinne ein Europäer war: Der heilige Liudger, eine der großen Gestalten aus der Zeit der Ausbreitung des christlichen Glaubens in Mitteleuropa, vereinte Menschen verschiedener Stämme, Sprachen und Kulturen im einen Glauben an Jesus Christus. Seine Mobilität, die Schritte und Wege, die er in seinem Leben tat, gingen in eine weite Zukunft. St. Liudger gehörte zu den wichtigen Wegbereitern einer neuen Ära, war in dunkler Zeit Licht für viele Menschen. Kann dieser faszinierende Christ auch uns Orientierung geben, wenn es um das Wachsen europäischen Geistes und eine zukunftsfähige Europäische Union geht? Der Name Europa stammt aus dem Altgriechischen und bedeutet „die mit der weiten Sicht“. Eine Sicht, die über den eigenen Tellerrand hinausschaut, die zukünftige Generationen im Blick hat und die unsere von Gott geschenkte Schöpfung im Auge behält, stünde uns allen gut zu Gesicht. Singen wir zum Kyrie das Lied „Meine engen Grenzen“.

Kyrie Meine engen Grenzen (GL 437,1–2)

Gebet Gott der Menschheit und Herr der Geschichte, sieh auf diesen Kontinent, dem du Vorläufer des Glaubens an deinen Sohn gesandt hast, der gestorben und wieder auferstanden ist. Sieh auf die Völker, denen das Evangelium verkündet wurde, durch Petrus und Paulus und ihre Begleiterinnen und Begleiter, durch die Prophetinnen und Propheten, durch die Mönche, Nonnen und durch Heilige wie Liudger. Gib, dass wir uns für ein Europa mit Seele engagieren, das nicht nur auf wirtschaftlichen Verträgen basiert, sondern auch auf menschlichen Werten. Ermutige uns, ein europäisches Bündnis zu fördern und zu unterstützen, das fähig zur Versöhnung und bereit zur Aufnahme von Fremden ist und das die Würde eines jeden Menschen verteidigt. Darum bitten wir durch Christus, unseren Herrn. Amen.

Lesung Hebr 13,7–8

Halleluja Halleluja. Ihr seid das Licht der Welt, 2 (Liederbücher)

Evangelium Mt 5,14–16

Fiktives Gespräch

V Wir können jetzt gleich einem fiktiven Gespräch zwischen einem Menschen aus unserer Zeit, einem Befürworter der Initiative „Pulse of Europe“ *(PE)*, und St. Liudger *(L)* zuhören. Bitte setzen Sie sich.

PE Guten Tag, Liudger! Ich freue mich auf das Gespräch mit Ihnen und bin gespannt, was Sie zu den Problemen zu sagen haben, die uns in Europa heute bewegen. Selbst nach über 1200 Jahren sehen immer noch Menschen in Ihnen ein Vorbild im Glauben und einen großen Missionar des Friedens.

L Diese Aufmerksamkeit ehrt und freut mich natürlich. Gerne erzähle ich Ihnen etwas von meinem Leben.

Mich hat als Junge die Begegnung mit dem alten Missionar Bonifatius sehr beeindruckt, und ich wollte in seine Fußstapfen treten. Nach meinen Lern- und Studienjahren in Utrecht und im englischen York brach ich nach dem Empfang der Priesterweihe auf, um den Menschen meiner Zeit als Wandermissionar den liebenden Gott der Christen nahezubringen.

PE Das Unterwegssein und Reisen war zu Ihren Zeiten sicher sehr beschwerlich.

L Ja, das ist richtig. Es herrschte Krieg um Macht, Land und Religion zwischen Friesen, Sachsen und Franken. Es war eine schwierige Zeit des Umbruchs.

PE Um Macht, Vorherrschaft und nationale Interessen geht es heute immer noch. Wir vertreten als jüngere Menschen eine Initiative, die sich „Pulse of Europe“ nennt. Uns ist eine lebenswerte Zukunft wichtig, besonders auch für unsere Kinder. Deshalb setzen wir uns für ein vereintes, demokratisches Europa ein, das auf gemeinsamen Grundwerten wie Achtung der Menschenwürde, Toleranz und Respekt aufbaut und auf friedliche Kooperation setzt.

L Das hört sich ja interessant an. Ich habe mich auch immer für das eingesetzt, was mir wichtig war: die Liebe Gottes zu den Menschen zu bringen. Ich war überzeugt, dass der Gott der Christen kein Kriegsgott ist und den Frieden will. Als König Karl der Große mich zum Bischof von Trier bestellen wollte, lehnte ich dies ab. Ich wollte lieber meinen Mitmenschen den christlichen Glauben gewaltfrei verkünden und bin dafür als Wandermissionar unterwegs gewesen. Auf meinen Reisen habe ich ihr einfaches Leben, ihre Freude und Sorge geteilt. Einige Menschen konnte ich sogar wundersam von ihren Krankheiten heilen.

PE Sie sind also immer wieder neu aufgebrochen, haben sich auf unterschiedliche Menschen und deren Anliegen eingelassen, Freundschaften gepflegt und im heutigen Sinne europäisch gedacht. Das imponiert mir. Man sagt Ihnen nach, dass Sie ein ausgesprochener Bücherliebhaber gewesen sind.

L Ja, das stimmt. Ich hatte das Glück, in einer Zeit, in der die meisten Menschen weder lesen noch schreiben konnten, in den Domschulen in Utrecht und York mit Abt Gregor und Alkuin großartige Lehrer zu haben. Reisen und Bildung erweitern meiner Meinung nach den eigenen Horizont außerordentlich.

PE Auch hier kann ich Ihnen nur zustimmen. Leider verbreitet sich bei uns enges nationalstaatliches, fundamentalistisches und sogar rassistisches Gedankengut immer mehr. Der Sieg der extremen Rechten von Marine Le Pen in Frankreich sowie die hohen Prozentzahlen der Lega Nord in Italien und der eurokritischen PiS in Polen bei unseren letzten Europawahlen sind ernste Warnungen. Ebenso ist der unerwartete Brexit, der Ausstieg der Briten im Juni 2016 aus dem großen Staatenbund, ein bedrückendes Signal. Mehr differenzierte Aufklärung und Bildung, besonders Friedensbildung, brauchen wir dringend, um solchen Tendenzen entgegenzuwirken. Für uns ist es auch notwendig, Grenzen zu überwinden: Statt geographischer Distanz – da haben wir heute ganz andere Möglichkeiten als zu Ihrer Zeit – haben wir oft eher eine mentale Distanz zu überschreiten.

L Als ich nach meinen Reisen nach Rom und Monte Cassino in meine Heimat Friesland zurückkehrte, hatte ich viel damit zu tun, dass in den Köpfen der Menschen ein Umdenken passierte. Es war so schwierig und dauerte lange, die alten kriegerischen Götter Wodan, Odin, Donar und all die anderen aus den Köpfen und Herzen zu vertreiben. Die Leute konnten nicht glauben, dass es nun einen Gott geben soll, der den Frieden will und durch Jesus Christus gezeigt hat, dass alle Menschen in seinen Augen gleich wertvoll sind. Das Einzige, was dann diese armen, vom

Krieg gezeichneten Menschen überzeugte, war die Art und Weise, in der wir ihnen begegneten: friedlich, freundlich und zugewandt, ohne sie mit Zwang missionieren, aber gleichwohl durch unser persönliches Vorbild begeistern und überzeugen zu wollen.

PE Später sind Sie dann aber doch noch Bischof von Mimigernaford, der heutigen Stadt Münster, geworden und haben Strukturen geschaffen, um das christliche Leben zu festigen.

L Ich merkte, dass es nicht ohne Organisation und Sammlung geht. Deswegen habe ich Kirchen errichtet, Schulen und Gemeinden gegründet, Gottesdienste gefeiert und ein Kloster in Essen-Werden gebaut.

PE Das sehen wir ähnlich. Zwar kommt es immer erst auf eine persönliche Entscheidung des Einzelnen an, wofür er sich engagiert – doch nur gemeinsam lässt sich etwas bewirken und zum Positiven gestalten. Unsere Organisation „Pulse of Europe" ist eine Bürgerbewegung, die jeden ersten Sonntag im Monat zusammenkommt und sich für den Erhalt und die zukunftsfähige Gestaltung eines vereinten Europas einsetzt. Die großen globalen Herausforderungen wie effektiver Klima- und Umweltschutz, Friedenssicherung im Inneren und Äußeren sowie verbindliche soziale Standards können doch die einzelnen kleinen Nationalstaaten nicht alleine bewältigen. Inzwischen sind wir in 21 europäischen Ländern und in über 100 deutschen Städten aktiv.

L Es gefällt mir, dass Sie in weiten Dimensionen und zukunftsorientiert denken. Weiterhin viel Erfolg für Ihre engagierte Arbeit! Ich möchte Sie und Ihre Zeitgenossen außerdem ermutigen, in der Fülle der zu meisternden Aufgaben Gott nicht zu vergessen und die Botschaft Christi neu zum Leuchten zu bringen.

PE Vielen Dank für das anregende Gespräch!

Lied Wir gehen aufeinander zu, 1–3 (Liederbücher)

Fürbitten Die Geschichte Europas ist geprägt durch die griechische Philosophie und durch gemeinsame christliche Wurzeln. Für unseren Kontinent mit seiner großen Vergangenheit lasst uns im Vertrauen auf die Fürsprache des friedliebenden, barmherzigen Missionars Liudger Gott bitten:

- Um Geistkraft für alle, die sich für ein vereintes, demokratisches, solidarisches und offenes Europa einsetzen, in dem auf die schwierigen gemeinsamen Herausforderungen unserer Zeit nach gemeinsamen Antworten gesucht wird.
- Um Hoffnung für die Menschen, die unter Krieg, Gewalt und Unterdrückung leiden und sich nach einem Leben in Freiheit und Frieden sehnen, heute besonders für … *(aktuelles Anliegen einfügen)*.
- Um Schutz für alle, die als Fremde nach Europa kommen mit der Sehnsucht, hier eine neue, sichere Heimat zu finden.
- Um Begeisterung zu einem neuen geistlichen Aufbruch für unsere Bistümer, Pfarreien und Gemeinden und die Kirche in Deutschland und Europa.
- Um wertschätzende Unterstützung für die europäischen Wissenschaftler, Gelehrten und Forscher, die in der langen europäischen Tradition Wissen und Bildung bewahren, fördern und weitergeben.

Jesus Christus, du bist das Licht der Welt. Begleite uns auf unserem Weg und lass uns auf den Spuren derer gehen, die einst das Licht des Glaubens in unseren Kontinent gebracht haben.

Vaterunser So wie Jesus es getan hat, wenden wir uns vertrauensvoll an Gott und sprechen das Gebet, das er uns zu beten gelehrt hat: Vater unser …

Friedensgruß Schenken wir einander ein Zeichen der Versöhnung und des Friedens!

Lied Wo Menschen sich vergessen, 1.3 (Liederbücher)

Meditation Bist du das, Gott, der da spricht?
Rufst du mich?
Forderst du mich auf?

Mach was draus: Sei Zukunft!
Deinen Ruf höre ich.
Durch dich lebe ich.
Deiner Geistkraft vertraue ich.

Mach was draus, Gott!
Wirke in mir.
Belebe mich.
Heb mich empor.

Mach was draus, Gott!
Aus dem, was ich sehe.
Aus meinen Fähigkeiten.
Aus meinen Charismen.

Sei du die Zukunft, Gott.
Mit meinen Gaben.
Mit meinen Händen.
Mit meiner Stimme.

Ich vertraue: Wir machen was draus!
Du und ich und wir alle, Gott.
Gemeinsam sind wir die Zukunft.

Andreas Paul – Q 5

Segensbitte Gott,
erleuchte und bewege uns,
leite und begleite uns,
sende uns,
lass uns dein Segen sein.
Das gewähre uns
der dreieinige Gott,
der Vater und der Sohn und der Heilige Geist.

A Amen.

Musik *Neue Instrumentalversion der Europahymne „Freude schöner Götterfunken“ aus der 9. Sinfonie Ludwig van Beethovens von Consolidation – Anthem of Europe (Ode to Joy)*

ANLÄSSE IM KIRCHENJAHR

GOTTES NAMEN GEWALT ANGETAN

MEDITATIVER IMPULS ZUR NEUEN REGELUNG FÜR DEN GOTTESNAMEN IN DER REVIDIERTEN EINHEITSÜBERSETZUNG

Dein wunderschöner
heiliger Name
geheimnisvoll
angefüllt mit
barmherziger Zuwendung
Feuer das brennt
aber nicht verbrennt
im Dornbusch
offenbart
für alle Zeiten

nun
ausgemerzt
nur noch eine Fußnote wert
an tausenden
von Stellen
ersetzt
durch den HERRN
in Kapitälchen
weggeworfen
für den HERRN
in Kapitälchen
auf jeder Seite
immer wieder
springt er mich an
HERR, HERR, HERR

das klingt
so
herrisch, selbstherrlich, herrschend
nach den Herren der Welt

so
unpersönlich, distanziert, ohne Wärme

ganz anders als
Ich war
und bin
und werde
für euch da sein
für immer

Du
ewiger
heilvoller
Gott

GERECHTIGKEIT UND FRIEDE BLÜHE AUF

ÖKUMENISCHES FRIEDENSGEBET MIT BILDBETRACHTUNG

Ein Beamer sollte zur Verfügung stehen, um das Bild „Frühlingswind und Wiesen“ von Alexej von Jawlensky an die Wand zu projizieren. (Zu finden im Internet u. a. bei Wikimedia.) Weiterhin ist ein Gebetsblatt mit den angegebenen Versen von Psalm 72 für alle Teilnehmenden vorzubereiten. Evangelische und katholische Gesangbücher liegen bereit. Eine große violettfarbene Kerze steht an einem geeigneten Ort.

Gruß und Einführung

V Im Namen des Vaters und des Sohnes und des Heiligen Geistes.

A Amen.

V Jesus Christus, der uns seinen Frieden schenken will, sei gepriesen.

A Von nun an bis in Ewigkeit.

V Der Advent ist eine Zeit des Sehnens und Hoffens auf Gott. Wir erwarten Jesu Ankunft, die Geburt des Gotteskindes und Friedensfürsten an Weihnachten, aber auch an allen anderen Tagen unseres Lebens. In diesem Friedensgebet bitten wir gemeinsam als Christinnen und Christen, dass – vom Tau des Himmels getränkt – Blumen der Gerechtigkeit und des Friedens auf unserer Erde zu blühen beginnen.

Lied O Heiland, reiß die Himmel auf (GL 231/EG 7,1–3.5)

Lesung Jes 32,15–18

Psalmgebet Die Vision des Propheten Jesaja vom Lebensstrom aus der Höhe kann auch uns heute Hoffnung geben. Und so wollen wir gemeinsam beten mit den Worten des Psalms 72. Wir sprechen die Verse im Wechsel.

Psalm Ps 72,1–8.13–14.16–19
abwechselnd zwischen V und A

Ansprache mit Bildbetrachtung
Das Bild von Jawlensky wird an die Wand projiziert.

Liebe Schwestern und Brüder,
passt ein so farbintensives, eher undramatisch wirkendes Bild zur Thematik „Gerechtigkeit und Frieden“, bei der unwillkürlich auch düstere und schreckliche Szenarien in den Sinn kommen? Und gehört es in den Advent, wo es doch den Titel „Frühlingswind und Wiesen“ trägt?

Gefertigt hat das kleine Gemälde Alexej von Jawlensky, ein russisch-deutscher Künstler. Wichtig in unserem Zusammenhang sind Umstände und Zeit der Entstehung seines Werks. Als der Erste Weltkrieg 1914 lostobte, musste Jawlensky als gebürtiger Russe binnen 48 Stunden mit seiner Familie aus seiner luxuriösen Schwabinger Atelierwohnung und aus Deutschland fliehen. In dem Dorf Saint-Prex am Genfer See fand Jawlensky Unterkunft in einer kleinen Wohnung ohne Atelier, künstlerisch und menschlich isoliert. Geschockt und traumatisiert vom Krieg mit seinen Auswirkungen, war er zunächst in seinem künstlerischen Schaffen wie gelähmt. Der Verlust von Freunden und Kollegen sowie von Einkünften veränderte seine Lebensgewohnheiten radikal. Erst langsam begann er wieder zu malen, was ihm nur vor dem Fenster seines sieben Quadratmeter kleinen Schlafzimmers möglich war. Jawlensky zog sich in dieser Zeit seines Schweizer Exils fast ausschließlich auf das Thema „Landschaft“ zurück und ließ sich vom Blick aus seinem Fenster inspirieren. Zunehmend fielen seine aus der Natur entnommenen Bildinhalte abstrakter aus. Farben und Formen drückten bildhaft seine Gefühle aus den nicht sichtbaren Bereichen der Seele und des Geistigen aus. Rückblickend sagte er dazu: „Anfangs wollte ich in Saint-Prex weiterarbeiten, wie ich in München gearbeitet hatte. Aber etwas in meinem Innern erlaubte mir nicht, die farbigen, sinnlichen Bilder zu machen. Meine Seele war durch vieles Leiden anders geworden, und das verlangte, andere Formen und Farben zu finden, um das auszudrücken, was meine Seele bewegte."

Das Bild, das Sie sehen, entstand ca. 1916, also mitten im Ersten Weltkrieg. Das Landschaftsmotiv ist noch erkennbar, doch die Abstraktion ist bereits fortgeschritten. Im unteren Bildteil nehmen wir vorwiegend dunkle Farben, dunkelblaue und schwarzgraue Flächen, wenig helles und viel dunkles Rot wahr. Die verschiedenen Formen in kontrastreichen Farben weisen keinerlei Umrisslinien mehr auf. Sie scheinen in einem ovalen Bewegungsfluss vom unteren Bildrand zum rechten oberen Rand hin zu schweben. Die untere, wie in Blut getränkte rotbraune Blüte steht im Kontrast zu dem hellen Sonnengelb der oberen großen Blume, auf die sich alles hinzubewegen scheint. In ihrer Umgebung sehen wir satte hell- und dunkelgrüne Flächen wie Wiesen; darauf fünf wie Bäume anmutende tiefgrüne kleinere Ovale und Kreise und daneben eine seeblaue Farbfläche. Unterhalb der hell strahlenden Blume befinden sich mehrere Flächen in hellen Farbtönen und zwei kleine Blumen mit schwachroten und rosa-weißen Blütenblättern. Unten in zwei dunkle Farbfelder hinein sind helle Punkte getupft, so als habe hierhin bereits Licht geschienen. Betrachtet man das Bild als Ganzes, spürt man eine Dynamik, eine starke Sogwirkung, wie wenn Wind alles erfassen, emportragen und auf die sattgelbe formschöne Blume zuwehen würde.

Obwohl die Komposition auf den ersten Blick leicht und locker wirkt, ist sie kein harmloses, fröhliches Blumenbildchen. Sie spiegelt die innere, verwundete Seelenlandschaft Jawlenskys inmitten des Krieges wider. Sein Gemälde lässt sich als Sehnsuchtsbild nach einer heilen, friedlicheren Welt interpretieren, in der alles Dunkle vom Glanz der Sonne erhellt wird. Die große gelbe Blume, die wie eine Sonnenblume aus dem oberen rechten Bildrand herausstrahlt, weckt Assoziationen an die Sonne der Gerechtigkeit. Wo sie hinstrahlt, wird Dunkles hell und warm. Karge Landschaften erblühen und tragen Frucht. Und hier können wir den Bogen zum Advent, der großen Zeit intensiver Sehnsucht nach Licht in der Dunkelheit, schlagen: zu einer Zeit, die geprägt ist von adventlicher Hoffnung auf ein Aufblühen von Gerechtigkeit und Frieden bereits in unserer zerrissenen irdischen Welt und nach voller Blüte im ewigen Reich Gottes. Jawlenskys inniger Wunsch, dass das Kriegsgeschehen mit seinen schrecklichen Auswirkungen jetzt und hier endlich endet, ist in seinem Gemälde ebenso zu spüren wie sein Hoffnungsblick auf eine kommende bessere Zeit, die wie der Frühling neues Leben bringt. Damit reiht sich der Maler ein in die Friedensvisionen der Beter von Psalm 72 und des Propheten Jesaja, die wir als Schriftworte gehört haben. In diesen sind uns ähnliche Bilder aus der Natur präsentiert worden, um die sehnsuchtsvolle Hoffnung der Israeliten auf Gerechtigkeit und Frieden in damals kriegerischer schlimmer Zeit anschaulich auszudrücken.

Schauen Sie jetzt noch einmal in Ruhe auf unser Bild. Welche Gefühle ruft es in *Ihrem* Inneren hervor?

Stille

Symbolhandlung: Anzünden einer Kerze

V	Auch wir sehnen uns nach Gerechtigkeit und Frieden in unserer immer noch so friedlosen Welt. Deshalb zünden wir ein adventliches Hoffnungslicht an. Für einen Moment halten wir inne.
Friedensgebet	Wir beten gemeinsam das Wechselgebet Nr. 680,1 aus dem Gotteslob.
A	GL 680,1
V	*nimmt die angezündete Adventskerze in die Hand und gibt sie weiter mit den Worten:* Als Zeichen, dass wir zu Frieden und Versöhnung bereit sind, reichen wir einander das Licht der Kerze weiter.
Segensbitte	Gottes Segen komme über uns, benetze mit frischem Tau vom Himmel, sprudele über wie klares Quellwasser, stärke mit Sonnenkraft und erblühe in uns wie neues Grün aus verdorrtem Baumstumpf. Das gewähre uns der dreieinige Gott: der Vater und der Sohn und der Heilige Geist.
A	Amen.
Lied	Sonne der Gerechtigkeit (GL 481/EG 262,1.5–6)

LÖSCHT GOTTES GEIST NICHT AUS

ÖKUMENISCHES FRIEDENSGEBET

Dieses ökumenische Friedensgebet stellt die Geschichte vom Turmbau zu Babel in den Mittelpunkt und passt in die pfingstliche Zeit. Bereitzustellen ist ggf. ein Beamer, um während der Deutung der Lesung kopierte Bilder zu Projekten menschlicher Überheblichkeit an die Wand zu projizieren. Neben den Gesangbüchern ist ein Liedblatt mit dem Lied „Wo Menschen sich vergessen… da berühren sich Himmel und Erde" vorzubereiten; sofern ein Beamer vorhanden ist, kann damit der Text an die Wand geworfen werden. Wenn nach dem Gottesdienst noch zu Begegnung und Austausch eingeladen wird, sind hierfür die erforderlichen Vorbereitungen zu treffen.

Musikalisches Vorspiel

Eröffnung Herzlich willkommen zu diesem pfingstlichen Friedensgottesdienst! Wir kommen hier zusammen in ökumenischer Verbundenheit – Männer und Frauen aus verschiedenen Gemeinden mit unterschiedlichen Prägungen und Begabungen. Wir feiern Gottesdienst als Gemeinschaft von Menschen, die besorgt sind über den unkritischen Machbarkeitswahn des modernen Menschen und die sich nach Gerechtigkeit und Frieden sehnen. Als getaufte Christen erhoffen wir uns heute ganz viel Stärkung durch den Heiligen Geist.

So lasst uns beginnen im Namen Gottes, Quelle unseres Lebens, im Namen Jesu, unseres Bruders, und im Namen des Heiligen Geistes, der bewirkt, dass wir einander trotz aller Unterschiede verstehen können.

Lied Erkennt, dass Gott ist unser Herr (GL 144/EG 288,2)

Einführung Schon in frühen Zeiten strebten die Menschen danach, Neues und großartige Projekte zu entwickeln. So war auch der Turmbau zu Babel aus biblischer Urzeit eine innovative Idee und ein bombastisches Ziel, das die Menschen seinerzeit unbedingt als Prestigeobjekt für ihre Stadt verwirklichen wollten. Dabei vergaßen sie jedoch Gott als alleinigen Herrn, den Schöpfer unserer Welt. Der unaufhaltsam explosionsartig voranschreitende wissenschaftliche und technische Fortschritt heute geht ebenfalls oft mit dem Streben nach Geltung und Ruhm einher. Die negativen Folgen grenzenlosen Wachstums werden – wie damals in Babel – nicht überblickt oder verdrängt.
Wie leicht übersehen wir Menschen doch, dass nicht wir selbst das Maß aller Dinge sind!

Psalm Übertragung zu Ps 118 (EG 781)
V Wir beten im Wechsel:
Gott, Heiliger Geist.

1 Namenlos wird unsere Freude sein
über den Tag, den du machst.
Denn geistverlassen und leer
sind die Tage, die wir mit
nichtigen Plänen füllen.

2 Namenlos wird unsere Freude sein,
wenn du wie ein Blitz
oder sanft
unsere trüben Tage erleuchtest.
Denn geschäftig und geistlos
ziehn wir vorbei
an den sichtbaren Zeichen der Hoffnung.

1 Namenlos wird unsere Freude sein,
wenn du wieder mit deinem Brausen
das alte Haus der Kirche besuchst
und uns mit neuer Sprache begabst
und unsere kalten Herzen entzündest
wie Fackeln am Abend vor der Revolte.

2 Komm, Heiliger Geist,
unverhoffter Schöpfer.
Beschere uns Phantasie für den Menschen
und die phantastische Gabe,
deine Schöpfung zu schützen
vor dem Terror und Schmutz unserer Habgier.

1 Kommst du endlich,
wollen wir ein Fest anrichten,
dass selbst aus versteinerten
Metropolen unser Gesang
das Leben schlägt
und wiedergeboren wird
die Freude am Fest erneuerter Liebe.

V Der Herr ist Gott, der uns erleuchtet.

Lied Gott gab uns Atem (GL 468/EG 432,1–3)

Lesung Gen 11,1–9

Auslegung

Wenn möglich und für sinnvoll gehalten, können kopierte Bilder von verschiedenen überdimensionierten Projekten (Türme, Wolkenkratzer, Atommeiler, geklonte Tiere, gerodete Tropenwälder…) während der Auslegung an eine Wand projiziert werden.

Auch wenn die eben gehörte Lesung sehr bekannt ist als der „Turmbau von Babel“, planen die Menschen in ihr nicht nur einen Turm, dessen „Spitze bis zum Himmel reichen soll“, sondern auch eine Megastadt als Ballungsraum für die ganze Bevölkerung. Personen, denen es gelingt, ein solches Großprojekt organisatorisch und fachlich zustande zu bringen, und die es darüber hinaus noch schaffen, dass alle Sprachbarrieren überwunden werden, vollbringen großartige Leistungen. Natürlich gelangen diese hochbegabten Planer schnell zu einem hohen Bekanntheitsgrad, machen sich einen „Namen“. Und leider kippt dann vielfach so wie in Babel die eigentlich positive kreative Schaffensfreude ins Negative. Sie schlägt um in Größenwahn und stolze Überheblichkeit. Die ganz von ihrer Wichtigkeit eingenommenen Baumeister meinen alles aus eigener

Leistung heraus erbringen und Gott überflüssig machen zu können. Im Streben nach Vereinheitlichung und dem beharrenden Bleibenwollen in der einen Stadt verstoßen sie gegen den Auftrag Gottes, fruchtbar zu sein und die ganze Erde zu besiedeln. Wegen dieser menschlichen Hybris stoppt Gott unblutig den Turmbau, indem er die Sprache der Menschen so verwirrt, dass keiner mehr den anderen versteht. Alles wird dadurch anders und kommt durcheinander. Die Leute laufen auseinander, hinaus aus Babel, und jeder siedelt sich woanders an.

Leider lernen wir Menschen wenig dazu. In der Gegenwart gibt es immer noch und wieder blasphemische babylonische Türme, die ständig und überall bei uns errichtet werden: Denken wir etwa an die außer Kontrolle geratene Energie der Kernkraft, die beispiellosen Katastrophen von Tschernobyl und Fukushima, die zu dauernden Schäden für Mensch und Natur geführt haben. Hoch qualifizierte Experten versicherten stets, die Atomkraftwerke seien sicher und sie hätten alles im Griff. Eine folgenschwere Selbstüberschätzung! Für den hoch radioaktiven Atommüll müssen jetzt Endlager gesucht werden, die allen erdenklichen Zukunftsszenarien standhalten und den nuklearen Abfall für eine Million Jahre für kommende Generationen unzugänglich verwahren.

Weiteres Beispiel sind die neueren Gentechnologien, die zu genetischen Manipulationen an Tieren und an menschlichen Embryonen ohne Rücksicht auf unübersehbare Folgen und ethische Bedenken geführt haben. Dem Klon-Schaf Dolly, das vor bald 22 Jahren zur Welt kam, folgten weitere Tierarten – Hunde, Kühe, Schweine, Pferde. Vor kurzem wurden in China weltweit zum ersten Mal zwei Javaneraffen geklont. Deren Namen Zhong Zhong und Hua Hua bedeuten zusammen „chinesische Nation". Offenbar spielten nicht nur Forschungsfortschritte, sondern vor allem der Nationalstolz und das Prestige bei den Versuchen mit den Primaten eine wichtige Rolle. Und nun ist der Schritt zum Klonen von Menschen nicht mehr weit. Denn – so die chinesischen Forscher – „wenn wir Affen klonen können, können wir das auch mit Menschen". Genetiker warnen davor, dass in naher Zukunft diese Methode verwendet werden könnte, um z. B. Designerbabys auf Bestellung zu erschaffen oder in die genetische Vielfalt der Menschen einzugreifen.

Schließlich kann die hemmungslose Ausbeutung der natürlichen Ressourcen unserer Erde genannt werden. Egoistisches übersteigertes Konsumverhalten spielt eine große Rolle bei der Abholzung der sogenannten grünen Lunge unserer Erde. Immense Flächen gerodeten tropischen Regenwaldes werden von großen Firmen abgebrannt, um darauf Gras oder Soja anzubauen. Diese dienen als Futtermittel für riesige Rinderherden. Das Rindfleisch landet dann vor allem auf den Tellern der Amerikaner und Europäer. Für Kosmetik, Waschmittel, Kekse, Margarine, Kerzen, billigen Biodiesel und anderes mehr werden auf gerodeten Waldflächen in Indonesien, Malaysia und Guatemala gigantische Palmölplantagen angelegt. Rücksichtslos wird die weltweite Entwaldung vorangetrieben, die unser Ökosystem massiv und dauerhaft verändert. Je mehr Wald vernichtet wird, umso rasanter nimmt auch die Erderwärmung zu. Durch unsere gedankenlose Ressourcennutzung wird zudem der Lebensraum der vielfältigen Tierwelt in den Regenwäldern oft unwiederbringlich zerstört. Ohne an die verheerenden Folgen für nachfolgende Generationen zu denken, handeln wir so, als ob uns noch weitere Erden zur Verfügung stünden.

Auf erschreckende Weise zeigen diese wenigen, noch vielfach fortsetzbaren Beispiele, wie sehr wir die uns von Gott aufgetragene Sorge um unser gemeinsames Haus für die ganze Menschheitsfamilie vernachlässigen und unsere zerbrechliche Welt gefährden. Das aber führt zu Unfrieden, Unrecht, Feindschaft, Hass, Neid, Streit und Unversöhnlichkeit – zu unheilvollem Durcheinander wie seinerzeit in Babel.

Versöhnungslitanei aus Coventry

V Tragen wir unser menschliches Versagen vor Gott und beten wir im Wechsel die Versöhnungslitanei aus Coventry (EG 879).
Wir alle haben gesündigt und mangeln des Ruhmes, den wir bei Gott haben sollten. Darum lasst uns beten:

A Vater, vergib!

V Den Hass, der Rasse von Rasse trennt, Volk von Volk, Klasse von Klasse:

A Vater, vergib!

V Das habsüchtige Streben der Menschen und Völker, zu besitzen, was nicht ihr Eigen ist:

A Vater, vergib!

V Unseren Neid auf das Wohlergehen und Glück der anderen:

A Vater, vergib!

V Unsere mangelnde Teilnahme an der Not der Heimatlosen und Flüchtlinge:

A Vater, vergib!

V Dem Rausch, der Leib und Leben zugrunde richtet:

A Vater, vergib!

V Den Hochmut, der uns verleitet, auf uns selbst zu vertrauen und nicht auf dich:

A Vater, vergib!

V Lehre uns, o Herr, zu vergeben und uns vergeben zu lassen, dass wir miteinander und mit dir in Frieden leben. Darum bitten wir um Christi willen.

V Gott sei Dank gibt es Pfingsten – das Angebot des Geistes Gottes! Das pfingstliche Geschehen der Ausgießung des Heiligen Geistes bewirkt neu, dass wir einander zuhören und trotz aller Unterschiede verstehen können. Die babylonische Sprachverwirrung wird aufgehoben, wenn wir uns darauf einlassen, vom Geist Jesu Christi her zu leben. Dieser verlangt von uns Einsatz für Gottes neue Welt im Sinne von Gerechtigkeit, Frieden und Bewahrung der Schöpfung. Eine Kirche, die das Evangelium von der grenzenlosen Liebe Gottes verkündet und lebt, berührt eher den Himmel als alle hoch hinausstrebenden babylonischen Türme der Welt.

Lied Wo Menschen sich vergessen, 1–3 (Liederbücher)

Abschlussgebet, Segen und das Lied „Verleih uns Frieden gnädiglich" werden im Stehen gesprochen bzw. gesungen. Dabei fassen sich alle an den Händen.

Gebet Leben spendender Gott, indem du jedem einzelnen Menschen ein besonderes Charisma schenkst, ist in unseren Kirchen eine bunte Vielfalt an Geistesgaben anzutreffen. Wo wir die Wirkung des Gottesgeistes nicht zulassen und nur besserwisserisch auf unsere eigenen Kräfte vertrauen, drohen uns Chaos und Orientierungslosigkeit. Hilf uns, unsere Herzen für das

Hineinströmen deines Geistes offen zu halten. Darum bitten wir durch Jesus Christus, unseren Bruder und Herrn.

Segen Gottes Segen fließe über uns,
bewahre uns vor Hochmut und Eitelkeit,
vor rücksichtsloser Maßlosigkeit
und vor jeglichem Größenwahn,
der darauf abzielt,
den eigenen Namen groß zu machen
anstatt deinen.
Das gewähre uns der dreieinige Gott,
der Vater, der Sohn und der Heilige Geist.
A Amen.

Lied Verleih uns Frieden gnädiglich (GL 475/EG 421)

Im Anschluss an den Gottesdienst kann zum Kirchenkaffee und zum Austausch über die im Gottesdienst angesprochenen Themen eingeladen werden. Dazu gehören fair gehandelter Kaffee und Plätzchen aus dem Eine-Welt-Laden.

IHR ALLE SEID DURCH DIE TAUFE TÖCHTER UND SÖHNE GOTTES

ÖKUMENISCHER TAUFGEDÄCHTNISGOTTESDIENST

Das Taufgedächtnis als Form der gemeinsamen ökumenischen Feier ist für vielfältige Situationen geeignet. Es lenkt den Blick auf die Gemeinsamkeit der einen Taufe, die katholische und evangelische Christen verbindet; daher sind vielfältige Einsatzmöglichkeiten denkbar, z. B. als Friedensgebetsgottesdienst für die Zeit vor Pfingsten oder an Pfingstmontag. Die Gebet- und Gesangbücher GL und EG sind zur Verfügung zu stellen. Eine Osterkerze und ein weißes Taufkleid werden benötigt. Zwei Personen, die die Prozession anführen, sind vorab anzufragen.

Lied Nun singe Lob, du Christenheit (GL 487/EG 265,1–3)

Gruß und Einführung

Sehr herzlich heißen wir Sie heute am… willkommen hier in der Kirche… Wir haben uns wieder zum Friedensgebet versammelt und beginnen es im Namen des Vaters, des Sohnes und des Heiligen Geistes. Diesmal feiern wir unser Friedensgebet als ökumenischen Taufgedächtnisgottesdienst. Durch die eine Taufe wurde Gottes Geist in unsere Herzen ausgegossen. Sie verbindet uns über die Grenzen der Konfessionen hinweg miteinander und hat friedensstiftende Wirkung.

Dankbar schauen wir auf die vielen Bemühungen um Einheit. Viele Schritte sind wir bereits aufeinander zugegangen. Aber es gibt auch noch nicht verheilte Wunden, Kränkungen und Zwiespalt bei wichtigen Themen. Bitten wir deshalb den Herrn der Kirche mit dem Lied „Sonne der Gerechtigkeit“ um sein Erbarmen.

Lied Sonne der Gerechtigkeit (GL 481/EG 262,1.3.5–6)

V Der urchristliche Text aus dem Brief des Apostels Paulus an die Galater stellt die einzigartige Würde aller Christinnen und Christen aufgrund der Taufe heraus.

Die Lesung kann anstelle vom Ambo direkt aus der Mitte der Versammelten vorgetragen werden.

Lesung Gal 3,26–29

Verkündigung

Die Worte des Paulus müssen zu seiner Zeit revolutionäre Sprengkraft gehabt haben. Man muss wissen, dass der fromme Jude in seinem Morgengebet Gott dafür dankt, dass er ihn nicht zum Heiden, nicht zum Sklaven und nicht zum Weib gemacht hat. Paulus spricht also konkret die damals vorherrschenden grundlegenden sozialen Unterscheidungen an und verwirft sie als bedeutungslos. Er wischt die Abgrenzungen zwischen Heiden und Juden einfach weg. Egal aus welcher religiösen Tradition jemand kommt: Wenn er getauft ist, ist er dem anderen Getauften gleich.

Im Römischen Reich gehörte es zur Gesellschaftsordnung, dass viele Menschen als abhängige Sklaven gehalten wurden im Unterschied zu den Freien. Paulus stellt klar: Derartige menschliche Abgrenzung und Machtausübung gibt es für getaufte Christen nicht mehr. Alle sind gleich. Auch hier setzte Paulus neue Maßstäbe, die bewirkten, dass der Kampf gegen die Sklaverei aufgenommen wurde – auch wenn es dann noch bis in das 20. Jahrhundert hinein dauerte, bis zumindest auf dem Papier die Sklaverei abgeschafft und verboten wurde.

Mit der dritten angeführten Gruppe wagt sich Paulus in einer patriarchalisch ausgerichteten Gesellschaft wiederum auf gefährliches Gebiet. In der antiken jüdischen Welt, in der sich Paulus bewegte, hatten die Männer das Sagen. Frauen waren ihnen untergeordnet, sie durften nicht in der Bibel der Juden lesen, waren vor Gericht nicht als Zeuginnen zugelassen, und ihr angestammter Platz war im Haus. Paulus wertet die Frauen dagegen auf. Für ihn ist entscheidend, ob sie aufgrund der Taufe zu Christus gehören. Ist dies der Fall, sind Männer und Frauen gleich zu behandeln. In den urchristlichen Gemeinden des Paulus wurde auch danach gelebt. Christinnen bekleideten ebenso wie die Christen in der jungen Kirche wichtige Dienste und Leitungsämter. Sie waren enge Mitarbeiterinnen des Paulus und wurden von ihm als ebenbürtige Partnerinnen wertgeschätzt.

Berührt uns die Galater-Taufformel des Paulus eigentlich heute noch? Wirkt sie ebenso provokativ wie damals? Eigentlich sollte sie das! Denn im Glauben vereint sind wir immer noch nicht. Unsere Konfessionen haben trotz erfolgreicher ökumenischer Annäherung noch viel aufzuarbeiten, und der Weg zur sichtbaren Einheit ist holprig und hindernisreich. Der theologische Dialog zu uns noch trennenden Fragen wie das Amts- und Abendmahlverständnis sollte mit intensiver Sehnsucht nach Einheit geführt werden. Unsere Zeit braucht es mehr denn je, dass Christinnen und Christen auf Versöhnung drängen, geschwisterliche Kontakte verstärken und miteinander unsere Gesellschaft mitgestalten.

Die Sklaverei ist – wie erwähnt – zwar offiziell abgeschafft, doch ihre modernen Formen existieren leider weltweit weiter. Nach Schätzungen der Vereinten Nationen sind heute davon ca. zwölf Millionen Menschen betroffen. Sie sind Opfer von Zwangsarbeit, Menschenhandel und Prostitution. Besonders schrecklich ist, dass jedes zweite davon ein Kind ist.

Und warum ist es bis heute Frauen nicht gestattet, kirchliche Weiheämter zu übernehmen? Die traditionell vorgebrachten Gegenargumente sind wenig stichhaltig. Ist es nicht eine Schande, dass vor allem die katholische Kirche in Fragen der Geschlechtergerechtigkeit immer noch nicht in der Gegenwart angekommen ist? Wie kann es sein, dass der hoch qualifizierten, kürzlich verstorbenen promovierten Theologin und Philosophin, der Pionierin theologischer Frauenforschung Elisabeth Gössmann in ihrem Leben 37-mal ein Lehrstuhl an deutschen Hochschulen verweigert wurde, so dass sie auf Lehrstühle in Japan ausweichen musste? Warum werden humanwissenschaftliche Erkenntnisse und historisch grundierte philosophisch-theologische Frauenforschung in der katholischen Theologie immer noch nicht wahr- und ernst genommen?

Die Tragweite der Sätze aus dem Galaterbrief auch für unsere Zeit kann also nicht hoch genug bewertet werden. Außerdem lassen sich die drei von Paulus genannten Gegensatzbeispiele noch vervielfachen: arm und reich, ausländisch und einheimisch, Kleriker und Laie, krank und gesund. Für Getaufte verbietet sich eigentlich jegliches Denken in solcherlei Kategorien. Gottes Maßstäbe sind anders als unsere menschlichen. Aufgrund der Taufe und des Glaubens bilden wir die Erbengemeinschaft der Erzeltern. Und einer jeden Tochter und einem jeden Sohn Abrahams wird der Segen verheißen, so wie Gott es seinerzeit Abraham gegenüber getan hat. Wenn wir eine oder einer in Christus sind, gehören wir zur Familie Gottes, in der unterschiedslos Menschen die gleiche Würde haben.

V Wir laden Sie alle zu einer gemeinsamen Prozession zum Taufbecken ein. Schließen Sie sich bitte den beiden Personen an, die eine Osterkerze und das Taufkleid vorantragen.

Prozession zum Taufbecken

Nach der Ankunft stellen sich alle um das Taufbecken auf.

V Licht weist uns auf Gott hin, der das Licht geschaffen hat, das unser Leben hell macht. Sein Sohn Jesus Christus ist das Licht der Welt, das jeden Menschen erleuchtet. Das Licht dieser Osterkerze weist uns hin auf unsere Taufe.
Auch das Wasser hat Gott geschaffen. Es reinigt und stillt unseren Durst. Durch die Taufe seines Sohnes Jesus Christus von Johannes im Jordan ist das Wasser geheiligt. Das Wasser dieses Beckens weist uns hin auf unsere Taufe.
Mit der Taufe haben wir alle Christus als Gewand angelegt. Das weiße Taufkleid ist ein Zeichen dieses neuen Lebens mit Christus.

Segnung zur Tauferinnerung

V Wir laden Sie jetzt ein, sich gegenseitig mit Wasser aus dem Taufbecken zu segnen und sich dabei zuzusprechen: „Du bist auf Christus getauft und hast Christus angezogen.“

danach:

V Alle Christinnen und Christen sind durch das Credo miteinander verbunden. Wir sprechen zusammen die Worte des Apostolischen Glaubensbekenntnisses und nehmen uns von neuem zu Herzen, was wir in der Taufe empfangen haben.

Glaubensbekenntnis
GL 3,4/EG 853

Lied Strahlen brechen viele aus einem Licht (EG 268,1–3/GL-Diözesananhänge/Liederbücher)

Während des Gesangs gehen alle Mitfeiernden in Prozession an ihre Bänke zurück.

Fürbitten Durch die eine Taufe in Christus verbunden und zur Einheit gefordert, tragen wir unsere Bitten vor Gott, in dessen Augen alle Menschen gleich sind.

○ Wir beten für die getrennten Kirchen: um Einheit an einem Tisch Jesu Christi.

A Du sei bei uns in unsrer Mitte (GL 182,1)

○ Wir beten für die Millionen Menschen, die unter Formen moderner Sklaverei wie Zwangsarbeit, Zwangsheirat, Zwangsprostitution, Menschenhandel und Schuldknechtschaft leiden: um Durchbrechung des Teufelskreises extremer rechtswidriger Ausbeutung.

A Du sei bei uns …

○ Wir beten für Frauen, die in Kirche, Gesellschaft und Politik aufgrund ihres Geschlechts benachteiligt werden: um Gleichberechtigung und das Recht auf freie Entfaltung der Persönlichkeit.

A Du sei bei uns …

○ Wir beten für alle, die in materieller und geistiger Not leben und an ihrer Situation zu verzweifeln drohen: um Linderung und neue Hoffnung.

A Du sei bei uns …

○ Wir beten für alle, die uns im Glauben vorausgegangen sind: um die verheißene Teilhabe an deinem himmlischen Reich des ewigen Friedens.

A Du sei bei uns …

Gott, du hast uns in Christus als deine Söhne und Töchter angenommen und mit deinem Geist beschenkt als unserem Tröster und Beistand. Lob und Dank sei dir in Ewigkeit. Amen.

Vaterunser Sprechen wir nun gemeinsam das Gebet, das uns als Christinnen und Christen auf der ganzen Welt verbindet und das Jesus selbst uns gelehrt hat: Vater unser …

Segensbitte Gott, wenn unser Bemühen um Einheit nur langsam vorankommt, dann stärke unsere Zuversicht.
Wenn wir verzagt sind auf unserem Weg zu mehr Freiheit, Gerechtigkeit, Gewaltlosigkeit und Frieden, dann gib uns neuen Mut.
Wenn die alten Vorurteile aufleben wollen, dann lass uns auf unsere Schwestern und Brüder sehen und ihnen in Liebe begegnen.
Die Weisheit der Lebendigen, die tiefer ist als alle Vernunft, bewahre unsere Herzen und Sinne in der Gemeinschaft mit Christus Jesus. So segne uns und alle, mit denen wir uns jetzt verbunden wissen: Vater, Sohn und Heiliger Geist.

A Amen.

Lied Atme in uns, Heiliger Geist (GL 346,1–3)

GEHT UND SCHAFFT FRIEDENSORTE

EUCHARISTIEFEIER

Diese Eucharistiefeier mit den Schrifttexten vom 14. Sonntag im Jahreskreis (Lesejahr C) kann zu verschiedenen Anlässen, in denen das Anliegen „Frieden" im Mittelpunkt steht, gefeiert werden.

Eröffnungslied Eine große Stadt ersteht (GL 479,1–3)

Einführung Eine mit Licht erfüllte neue Stadt haben wir soeben im bildreichen Eingangslied besungen. In diese himmlische Stadt auf Erden mit einer großen Tür finden Frauen, Männer und Kinder Einlass, die im Geist Christi leben. Dort werden sie neu geboren. Diese Geburt macht die Stadt zur Mutter der Kinder Gottes. Ein solcher Friedensort strahlt für alle sichtbar Leben, Liebe und Glück aus. Diese Vision kann uns anspornen, sich bereits hier und jetzt als Kirche im Werden auf den Weg zu machen zu mehr Gerechtigkeit und Frieden.

Kyrie-Rufe Herr Jesus, du bist unser Friede (GL 163,6)

Gloria Ehre Gott in der Höhe (GL 168,2)

Tagesgebet Barmherziger Gott, durch die Erniedrigung deines Sohnes hast du die gefallene Menschheit wieder aufgerichtet und aus der Knechtschaft der Sünde befreit. Erfülle uns mit Freude über die Erlösung und führe uns zur ewigen Seligkeit. Darum bitten wir durch Jesus Christus. *MB 511*

1. Lesung Jes 66,10–14c

Antwortlied Singt dem Herrn ein neues Lied (GL 409,1.3)

2. Lesung	Gal 6,14–18
Halleluja	Ströme lebendigen Wassers (GL 550)
oder	Ihr seid das Volk (GL 483,1.3)
Evangelium	Lk 10,1–9

Predigtanregung
Unsere heutigen biblischen Texte haben alle drei mit Orten zu tun, in die der Friede Gottes einkehrt: die Stadt Jerusalem, die der Prophet Jesaja beschreibt, die christlichen Gemeinden in Galatien, an die Paulus seinen Brief richtet, und die Häuser der Dörfer Judäas, die auf dem Weg nach Jerusalem liegen.

Die mütterliche Stadt des Friedens
Der Prophet Jesaja spricht zu den aus babylonischer Gefangenschaft heimgekehrten Israeliten in eine schwierige Situation hinein. Noch unter dem Schock des Exils stehend, sind sie niedergeschlagen, mutlos und unsicher im Glauben. Diesen traurigen Menschen schenkt der Prophet eine wunderschöne Vision. Er versieht die Stadt Jerusalem mit einer Fülle mütterlicher Attribute und spricht vom Frieden, den Gott zu ihr strömen lässt. In ihr werden Hunger und Durst gestillt, Hilfsbedürftige wie Kinder auf Armen getragen und Knien geschaukelt, Traurige getröstet. Wasser durchflutet die Stadt und lässt Leben sprießen. An einem derart gesegneten, paradiesisch anmutenden Ort zu wohnen, macht glücklich, und das Herz blüht auf vor Freude. Durch die heilige Stadt Jerusalem gibt Gott selbst sich als für ihre Bewohner sorgende, schützende und sie tröstende Friedensmutter zu erkennen. Hier wird uns ein weibliches Gottesbild vorgestellt; ein Gott, der in einer liebevollen Beziehung zu den Menschen steht; ein Gott, der da wohnt, wo Menschen leben.

Wie damals den Israeliten stellen sich für jeden und jede von uns heute die ewig gleichen Fragen: Wie lebe ich richtig? Wie kann ich Frieden finden? Wo wohnt Gott? Frieden hat etwas mit Wohnen, mit Geborgensein an einem geschützten Ort zu tun, einem Raum, wo man zufrieden und glücklich ist, wo man sich wie von einer Mutter zärtlich geliebt fühlt. Kann die Stadt für den gegenwärtigen Menschen noch als derartige Hoffnungsmetapher dienen? In vielen Städten unserer Welt geht es eher unbehaust und friedlos zu: Jerusalem selbst ein Pulverfass, zerschossene Städte wie Aleppo in Syrien und in vielen anderen Kriegsregionen, in denen Kinder heimatlos umherirren, Riesenstädte mit scharf getrennten Vierteln von Armen und Reichen, obdachlose und bettelnde Menschen selbst in westlichen Wohlstandsländern. Wie lassen sich da Trost, Geborgenheit und Wohlgefühl finden, wie Vertrauen in einen mütterlichen friedliebenden Gott?

Als Christinnen und Christen könnten wir versuchen, neue Friedensräume wachsen zu lassen, in denen die tröstliche Gegenwart Gottes spürbar ist. Beispielhaft für unseren Lebensbereich sei die Citypastoral – Seelsorge mitten im urbanen Leben – genannt, die versucht, kleine Friedensoasen zu schaffen, wo Menschen sich aufhalten. Sie ist davon überzeugt, dass Gott bereits in der Stadt ist, und geht auf öffentlichen Plätzen, in Ballungsvierteln und Einkaufszonen auf die Menschen zu – gleich, ob diese obdachlos, alt oder jung, mit gutem Beruf oder arbeitslos sind, unabhängig von ihrer religiösen Einstellung, ihrer Kultur oder von Milieus. So hat die Essener Cityseelsorge „grüßgott“ am Gründonnerstag Passanten mitten in der Innenstadt zum Mahl mit Brot, Wein und Wasser an der frischen Luft eingeladen. Diese Aktion „Geteilte Freude – Brotzeit für alle“ erinnerte an das letzte Abendmahl Jesu und regte viele an, über den Sinn der Kar- und Ostertage ins Gespräch zu kommen.

Gemeinsam neue Schöpfung in Christus sein

In der Gemeinde in Galatien gab es offenbar erhebliche Streitigkeiten zwischen Juden- und Heidenchristen, auf die Paulus mit einem leidenschaftlichen Brief reagiert. Entschieden und klar legt er seine Glaubensüberzeugung dar: Durch seinen Kreuzestod hat Christus unterschiedslos alle Menschen zum Leben befreit. Nicht die Einhaltung gesetzlicher Regeln ist dafür Voraussetzung, sondern allein eine bewusste Entscheidung für die neue Schöpfung in Jesus Christus.

Auch wenn die konkrete Konfliktsituation in Galatien unsere Gemeinden heute nicht betrifft, ist die zugrunde liegende Problematik menschlicher Grenzziehungen in der Kirche und in unseren Pfarreien nach wie vor aktuell. Existiert die von Paulus eingeforderte Gleichheit aller Menschen als Christen in Christus? Denken wir beispielsweise an die Hierarchie innerhalb der Kirche, die Zugehörigkeitsbestimmungen zu den Weiheämtern, die scharfen Abgrenzungen zwischen Klerikern und Laien, den Umgang mit sogenannten Fernstehenden, so ist durchaus die Frage berechtigt: Worauf kommt es wirklich an in der Existenz eines Christen, einer Christin?

Jetzt den Frieden ins Haus bringen
Jesus gibt den 72 ausgesandten Jüngern und Jüngerinnen eindeutige Aufträge mit auf den Weg: „Geht! Macht als meine Arbeiter und Arbeiterinnen Hausbesuche! Seid nicht alleine unterwegs, sondern als Team! Trödelt nicht herum! Nehmt nichts mit! Tragt nur die Frohe Botschaft weiter und wünscht den Menschen, die ihr in ihrer Wohnung aufsucht, zuallererst den Frieden! Bleibt, wo ihr willkommen geheißen werdet!" Das hört sich zunächst nicht schwer an. Doch wenn wir uns heute diese Situation konkret vorstellen, kommen schnell viele Fragen und Bedenken: Jetzt einfach losgehen? Ich habe doch gerade so viel zu tun und keine Zeit. Bei fremden Leuten an der Tür klingeln? Das geht doch gar nicht, zumal ohne Anmeldung! Und selbst wenn ich mich dazu aufraffen würde, glaube ich nicht, dass mich bei einer derart unberechenbaren Aktion jemand begleiten will. Vielleicht machen ja wirklich einige die Tür auf. Wirkt es nicht seltsam, wenn wir denen zur Begrüßung sagen: „Friede diesem Haus!"?

Andererseits: Nur in der Kirche zu sitzen, zu beten und darauf zu warten, dass mehr Leute in den Gottesdienst kommen, hilft auch nicht weiter. Es ist durchaus denkbar, dass neu in einen Ort Zugezogene, einsame oder kranke Menschen, junge Familien mit stressigem Alltag darauf warten, aufgesucht und persönlich angesprochen zu werden. Einen schöneren Gruß, als bei einem solchen Besuch den Hausbewohnern Frieden zu wünschen, gibt es ja eigentlich nicht. Kann es nicht sein, dass manch einer sich über diesen oder einen ähnlich Gutes wünschenden Gruß so freut, dass er einlädt, in die Wohnung einzutreten und ein Weilchen zu bleiben? Möglicherweise wird den beiden unerwarteten Besuchern sogar noch etwas zu essen und zu trinken angeboten, und es entwickelt sich ein Gespräch über „Gott und die Welt".

Gastfreundlich zu sein und Gastfreundschaft zu erfahren, tragen entscheidend zu einem friedlichen Miteinander bei. Machen wir uns also auf den Weg hinaus in die Welt, so wie Jesus selbst ständig unterwegs war und ebenso seine Jünger und Jüngerinnen.

Credo Credo in unum Deum (GL 177)

Fürbitten Mütterlich tröstender Gott, in Jesus Christus lässt du uns den Frieden zuteilwerden. Durch ihn bitten wir dich:

1 ○ Stärke die Teamarbeit in der Kirche und berufe überzeugende Menschen, die deine frohe Nachricht des Schalom an alle Orte und zu allen Menschen dieser Erde zu bringen.

Ruf Schenke Frieden unserer Welt.

oder Shalom chaverim (Liederbücher)

2 ○ Erhalte Jerusalem als multireligiöse und multikulturelle heilige Stadt, in der Juden, Christen und Muslime endlich Frieden und Ruhe finden.

Ruf

3 ○ Sende den Geist des Friedens und der Versöhnung zu allen, die in Politik und Regierungen Verantwortung in der Welt tragen.

Ruf

4 ○ Mehre die Bereitschaft zur Solidarität füreinander und stärke die Tugend der Gastfreundschaft.

Ruf

5 ○ Tröste uns in den Schwierigkeiten des Lebens, richte uns auf, wenn wir scheitern und nicht mehr weiterwissen, und lass uns zu innerem Frieden finden.

Ruf

Liebender Gott, in deinen Augen sind unterschiedslos alle Menschen von gleicher Würde. Dafür danken wir dir, heute und alle Tage unseres Lebens. Amen.

Zur Gabenbereitung

Wenn das Brot, das wir teilen (GL 470,1.4–5)

Sanctus Heilig, heilig, heilig (GL 196)

Friedenszeichen

In meinem Nachbarn, mit dem ich den Friedensgruß austausche, begegnet mir Christus, und der Nachbar begegnet Christus in mir. Freuen wir uns über die Gesichter des Friedens, in die wir gegenseitig blicken, und reichen wir einander die Hände!

Die Mitfeiernden tauschen den Friedensgruß aus.

Agnus Dei Christe, du Lamm Gottes (GL 204)

Zur Danksagung

Nun danket alle Gott (GL 405,1–2)

Wort auf den Weg

Richte unsere Füße auf den Weg des Friedens – loszugehen und den Frieden Christi in die Welt hinauszutragen, ist eine hochaktuelle Aufgabe. Bitten wir Gott immer wieder neu, dass er uns hilft, die richtige Richtung einzuschlagen, und unsere Füße den Weg zu den Menschen in ihren Städten, Gemeinden und Häusern finden.

Zur Sendung Bewahre uns, Gott (GL 453,1.3–4)

GUTES TUN, BÖSES MEIDEN

ÖKUMENISCHES FRIEDENSGEBET

Dieses ökumenische Friedensgebet thematisiert die Haltung im Umgang mit Konflikten und die Frage nach Konsequenzen der Nachfolge Jesu. Es lässt sich vielseitig im ganzen Jahreskreis und zu unterschiedlichen Anlässen einsetzen.

Musik/Flöte

Lied Unfriede herrscht auf der Erde (EG 671,1–3)

Begrüßung Wir sind zusammengekommen, um uns mit allen, die um den Frieden in der Welt beten, zu verbinden. Ein herzliches Willkommen Ihnen und euch zu unserem ökumenischen Friedensgebet!
Zur thematischen Einstimmung hören wir Worte verschiedener Menschen, die wir in unserem Inneren nachklingen lassen.

Die Texte können von verschiedenen Personen aus der Mitte der Versammelten heraus gelesen werden.

Thematische Einstimmung

Die Menschheit wird keinen Frieden finden, wenn sie nicht ihr Mitgefühl auf alles ausdehnt, was lebt. *(Michael Nagler)*

Stille

Das Leben fordert von dir nicht mehr als die Kraft, die du besitzt. Deine Heldentat ist, nicht weggelaufen zu sein. *(Dag Hammerskjöld)*

Stille

Es ist uns nicht freigestellt, den Rahmen unseres Lebens selbst zu wählen. Aber wie wir ihn füllen, liegt an uns. *(Dag Hammerskjöld)*

Stille

Seid untereinander freundlich, herzlich und vergebt einander, so wie Gott euch vergeben hat in Christus. *(Paulus, Brief an die Epheser, 4,32)*

Stille

Unfruchtbar ist das Gebet, solange es nicht Hand in Hand geht mit dem Teilen. *(Bischof Cyprian, 3. Jahrhundert)*

Stille

Es ist dir gesagt worden, Mensch, was gut ist und was der Herr von dir erwartet. Nichts anderes als dies: gerecht handeln, gütig lieben und ehrfürchtig den Weg gehen mit deinem Gott. *(Hebräische Bibel, Micha 6,8)*

Stille

Ein alter Rabbi fragte einst seine Schüler, wie man die Stunde bestimmt, in der die Nacht endet und der Tag beginnt. „Ist es, wenn man von weitem einen Hund von einem Schaf unterscheiden kann?", fragte einer der Schüler. „Nein", sagte der Rabbi. „Ist es, wenn man von weitem einen Dattel- von einem Feigenbaum unterscheiden kann?" – „Nein", sagte der Rabbi. „Aber was ist es dann?", fragten die Schüler. „Es ist", antwortete der Rabbi, „wenn du im Gesicht des Menschen, der dir begegnet, die Schwester oder den Bruder erkennst." *(Chassidische Erzählung)*

Stille

Musik/Flöte

Gebet Unser Gott, schenke uns ein großzügiges Herz, das sich dir überlässt und zu tun wagt, was es noch nicht getan hat.

Lesung Mk 3,1–6

Kurze Auslegung

Eine lehrreiche Konflikterzählung präsentiert uns da das Markusevangelium. Das Streitgespräch zwischen Jesus und den Pharisäern zeigt sehr deutlich, dass für Jesus das Wohl eines kranken Menschen Vorrang hat vor der peniblen Beachtung der Vorschriften zum Sabbat. Für ihn steht das Heilwerden des Mannes mit der verdorrten Hand im Mittelpunkt. Dieses ist für ihn durchaus mit dem Sabbatgebot in Einklang zu bringen, denn auf die mögliche Heilung eines ausgegrenzten Menschen zu verzichten, entspricht mit Sicherheit nicht dem Willen Gottes. Mutig bezieht Jesus Stellung: Indem er den leidenden Mann in die Mitte holt, zeigt er öffentlich sein Mitleid und hilft ihm heilend mit seiner liebevollen Zuwendung. Damit handelt er und verwirklicht das, woran ihn die Buchstabenfrommen hindern wollen.

Die Pharisäer missbilligen durch anhaltendes feiges Schweigen das Verhalten Jesu. Als seine Gegner suchen sie jede Gelegenheit, um ihn zusammen mit den Parteigängern des Herodes der Rebellion anzuklagen. Die sie provozierende Frage Jesu „Was ist am Sabbat erlaubt: Gutes zu tun oder Böses, ein Leben zu retten oder es zu vernichten?" trifft voll ins Schwarze. Im Grunde ist es eine Frage, die bis heute hochaktuell geblieben ist. Sie fragt die privilegierten, im Herzen verstockten Schriftgelehrten mit ihrer ungerechten Gesetzesinterpretation nach der Grundlage ihres Handelns genauso wie uns heute nach der unseres Handelns. Wie oft schweigen auch wir, wenn der Anruf Jesu an uns ergeht! Wie häufig zeigen wir keine Zivilcourage, wenn es erforderlich wäre, Bösem Einhalt zu gebieten! Jesus nachzufolgen als Christ und Christin erfordert Mut, auch zum Streit, sowie konkreten Einsatz für das als gerecht und gut Erkannte.

Hier können aktuelle Beispiele (kriegerische Aufrüstung, Sterbebegleitung, Schutz behinderter Menschen, Genmanipulation, Machtmissbrauch in Kirche und Gesellschaft, Klimakatastrophen) angeführt werden.

Lied	Wenn einer zu reden beginnt, 1.3–5 (Liederbücher)
Fürbitten	Im Vertrauen auf Gottes Barmherzigkeit lasst uns unser Denken, Hoffen und Fühlen – alles, was uns jetzt bewegt – vor Gott tragen.
	Wir bitten um Frieden ○ zwischen den verschiedenen Religionen.
A	Bitte erhöre uns!
V	○ zwischen den christlichen Kirchen.
A	Bitte erhöre uns!

V ○ in unseren Gemeinden.
A Bitte erhöre uns!
V ○ für die vielen Kriegs- und Krisengebiete unserer Welt.
A Bitte erhöre uns!
V ○ für alle, denen Brot und Wasser fehlen.
A Bitte erhöre uns!
V ○ für die, die für Hungerlöhne arbeiten müssen.
A Bitte erhöre uns!
V ○ für die Kinder ohne Arzt und Schule.
A Bitte erhöre uns!
V ○ für die, die aus ihrer Heimat vertrieben sind.
A Bitte erhöre uns!
V ○ für alle gequälten und geschundenen Menschen.
A Bitte erhöre uns!
V ○ für uns selbst und alle, die uns nahe sind.
A Bitte erhöre uns!

Gott, mache weit unser Herz für die Not. Gib ein mitleidendes Herz allen, die Fähigkeiten und Mittel zum Helfen haben. Forme uns nach dem Bilde Jesu und wecke sein Erbarmen in uns. Auf dich hoffen wir, heute und alle Tage bis in Ewigkeit.

Vaterunser *gemeinsam beten*

Segensbitte Gott des Friedens, dein Atem gibt uns Leben, dein Verzeihen schafft uns neu. Komm du zu uns, in unsere Häuser, in unser Land, in unsere Welt. Bahne dir den Weg zu uns, richte uns auf. So begleite und segne uns in Jesus, unserem Bruder und Herrn. Amen.

Lied Wo Menschen sich vergessen, 1–3 (Liederbücher)

DENN AUCH IHR SEID FREMDE GEWESEN

WORTGOTTESDIENST FÜR VERSCHIEDENE GRUPPEN

Der Wortgottesdienst zum Thema „Fremdsein" kann werktags mit der Gemeinde sowie mit verschiedenen Gruppen (Verbände, Gremien, Flüchtlingsinitiativen) gefeiert werden. Für das Anspiel sind vier geeignete Personen anzufragen.

Eröffnunglied Keinen Tag soll es geben (Liederbücher)

Begrüßung und liturgische Eröffnung

Einführung mit kurzem Anspiel

Die folgenden vier Personen treten nacheinander vor die Gemeinde und reichen das Mikrofon jeweils weiter.

Modisch gekleidete Dame

Neulich war ich einkaufen in unserer Innenstadt. Schaut man sich da um, weiß man ja bald nicht mehr, in welchem Land man lebt. Überall Kopftuchfrauen und bettelnde Zigeuner, die nehmen wirklich überhand.

Frau mittleren Alters

Ich versteh meine Tochter nicht mehr. 13 ist sie und sagt ständig: „Mama, du nervst" und zieht die Tür ihres Zimmers hinter sich zu.

Als Radfahrer gekleideter Mann

Gerade komme ich von einer Radtour durch Mittelitalien zurück. Wenn ich zum Essen in kleineren Orten einkehrte, war es schwierig, sich verständlich zu machen. Niemand sprach Deutsch oder Englisch.

Ältere Frau Die jüngeren Frauen kommen einfach nicht zu den Veranstaltungen unserer Frauengemeinschaft. Dabei könnten sie doch so viel von unseren Erfahrungen profitieren.

V Haben die Aussagen dieser Personen etwas miteinander zu tun? Vielleicht nicht auf den ersten Blick. Doch in allen vier Beispielen begegnen uns Welten, die aus verschiedenen Gründen einander fremd sind oder fremd geworden sind. Fremd ist immer das, was ich nicht bin und kenne, was mir nicht vertraut ist. Es sind also nicht nur Menschen aus einem anderen Land oder einem anderen Kulturkreis, die als fremd erscheinen; Fremde können genauso Menschen aus unserer Nähe sein, zu denen eine gefühlsmäßig distanzierte Beziehung besteht. Bereits zu Zeiten des Volkes Israel hat man erkannt, dass jeder und jede in die Situation geraten kann, fremd zu sein. Fremdsein war also schon damals Thema und ist immer noch hochaktuell. Nehmen wir uns in diesem Gottesdienst vor, Verständnis für das Anderssein aufzubringen und Fremdes zu achten.

Kyrie-Rufe Meine engen Grenzen (GL 437,1–4)

Tagesgebet Gott des weiten Herzens, du kennst unsere Begrenztheit und unsere Vorbehalte allem gegenüber, was uns fremd erscheint. Hilf uns, Unterschiede auszuhalten, Respekt vor anders lebenden Menschen zu haben und Brücken zueinander zu bauen. Um deinen Frieden, der niemanden ausschließt, lebendig werden zu lassen, hast du in diese Welt deinen Sohn Jesus Christus gesandt, der in der Einheit des Heiligen Geistes mit dir lebt und wirkt in Ewigkeit. Amen.

Lesung Ex 23,9

Antwortgesang Ubi caritas et amor (GL 445)

Evangelium Mk 9,38–41

Ansprache

Beide Bibeltexte stehen par excellence für Toleranz und Großherzigkeit gegenüber Menschen, die nicht zu uns gehören, weil sie uns fremd erscheinen.

Als Lesung hörten wir einen einzelnen Vers aus einer der ältesten Sammlungen von Weisungen, die das Erste Testament überliefert. Doch dieser eine Satz hat es in sich: Er formuliert ein Fremdenliebegebot. Es geht für das Volk Israel um die Frage, welcher Geist das gesellschaftliche Miteinander prägen soll, welche Werte für die Gemeinschaft wesentlich sind. Gottes Forderung, Fremde nicht auszubeuten, wird für die Israeliten mit der Erinnerung an ihre Zeit in der ägyptischen Sklaverei verknüpft, aus der Gott sie befreit hat. Gerade weil sie das Gefühl kennen, wie einem in der Fremde zumute ist, sollten sie im Umgang mit Fremden besonders sensibel sein und sie gerecht und mit Respekt behandeln.

Wir heute haben in der Regel nicht die leidvollen Fremdling-Erfahrungen der Israeliten, die die jüdische Erinnerungskultur bei jeder Sabbatfeier thematisiert. In vielen Familien sind aber auch bei uns noch Migrations-, Vertreibungs- oder Fluchterfahrungen aufgrund der Weltkriege in Erinnerung. Und selbst wenn dies nicht der Fall ist: Es gibt so viele Formen des Fremdseins. Wissen wir nicht alle, wie es sich anfühlt, ausgeschlossen, ausgenutzt, abgelehnt, verletzt oder respektlos behandelt zu werden? Sind wir uns nicht manchmal selber fremd? Gefühle von eigener Bedürftigkeit dürften eigentlich niemandem unbekannt sein. Umso mehr muss es erschrecken, wie sich gegenwärtig in unserer Gesellschaft ein unmenschlicher Umgang mit Fremden ausbreitet, wie hartherzig über ausländische Mitbürgerinnen und Mitbürger geurteilt wird, wie immer weniger Flüchtlingen Hilfe und Empathie entgegengebracht werden. Populisten hetzen auf, Hassparolen werden im Internet verbreitet, und die Sprache verroht immer mehr. Rassismus, Antisemitismus, Nationalismus und Ausgrenzung gewinnen wieder Boden. Mehr als jeder Zweite im Osten und knapp jeder Dritte im Westen teilte 2018 explizit die Ansicht, dass Deutschland durch Ausländer in gefährlichem Maße „überfremdet“ sei. Als Christinnen und Christen steht es uns gut an, solchen Haltungen entschieden entgegenzuwirken, sich für Gerechtigkeit einzusetzen, wo immer es geht, und nicht zu vergessen, dass wir selbst auch Fremdlinge sind.

Bei der Bibelstelle aus dem Markusevangelium taucht das Wort „fremd“ nur in der Überschrift auf. Gleichwohl geht es auch hier wieder um den Umgang mit Fremdem. Es wird eine Episode erzählt, in der ein Mensch ausgegrenzt werden soll, der sich nicht so verhält wie die Jünger und nicht zu ihrem Kreis gehört. Obwohl dieser Mann in Jesu Namen Dämonen austrieb, wollten die Jünger ihn an seinem heilsamen Tun hindern. Johannes berichtet Jesus von diesem Wundertäter und erwartet für ihr Vorgehen gegen den Außenstehenden wohl anerkennende Worte Jesu. Aber Jesus erweist sich als weitherzig und offen. Er schlägt sich offensiv auf die Seite des Mannes, der den Jüngern fremd ist. Seine tolerante Haltung artikuliert er deutlich in dem Ausspruch: „Wer nicht gegen uns ist, der ist für uns." Für Jesus kommt es also nicht auf das Parteibuch, auf den Taufschein an, sondern auf das Eintreten für das Reich Gottes. Jemand, der den Durst seines Nächsten mit einem Becher Wasser stillt und ihm dadurch Gutes tut, ist ein Jünger Jesu.

Lied Wenn wir das Leben teilen (GL 474,4–5)
oder Nehmet einander an (Liederbücher)

Fürbitten Gottes Liebe grenzt niemanden aus und gilt vor allem den Schwachen. Lasst uns ihn bitten:

- Um eine Erinnerungskultur in Kirche und Gesellschaft, die Erfahrungen von Fremdsein, Heimatverlust und Erniedrigung in unserer Geschichte den nachfolgenden Generationen vermittelt.
  Du Gott unserer Hoffnung:

A Wir bitten dich, erhöre uns.

- Um Offenheit gegenüber Menschen anderer Herkunft und anderer Religionen, die Begegnung und gegenseitiges Kennenlernen fördert.
  Du Gott unserer Hoffnung:

A Wir bitten dich, erhöre uns.

- Um Stärkung der demokratischen Werte im weltweiten Netz, die Hassreden, diskriminierenden Beleidigungen und fremdenfeindlichen Angriffen Wege zur verbalen Abrüstung gegenüberstellen.
  Du Gott unserer Hoffnung:

A Wir bitten dich, erhöre uns.

- Um einen Geist der gelassenen Toleranz in unseren Gemeinden, der Außenstehende willkommen heißt und Anderssein nicht abwertet.
  Du Gott unserer Hoffnung:

A Wir bitten dich, erhöre uns.

- Um Trost für alle Sterbenden, der sie mit Hoffnung auf das ewige Leben erfüllt.
  Du Gott unserer Hoffnung:

A Wir bitten dich, erhöre uns.

Gott, du hast dein Volk aus der Sklaverei in Ägypten herausgeführt. Auch uns rufst du hinaus zur Freiheit. Dafür sind wir dir dankbar, jetzt und alle Tage bis in Ewigkeit. Amen.

Vaterunser Wir fassen unsere Bitten zusammen in dem Gebet, das Jesus seine Jünger gelehrt hat: Vater unser …

Friedensgruß Jesus Christus ist barmherzig und unser Friede. Zeigen wir einander unsere Versöhnungsbereitschaft, indem wir uns ein Zeichen seines Friedens schenken.

Segensbitte und Sendung

V Gott der Vater schenke uns seine großherzige Liebe. Er lasse sein Angesicht über uns leuchten und sei uns gnädig.

A Amen.

V Der Sohn begleite unser Leben als Bruder. Er zeige uns den Weg zum Reich Gottes.

A Amen.

V Der Heilige Geist stärke uns mit seinen vielfältigen Gaben. Er erneuere das Antlitz der Erde.

A Amen.

V So segne und sende uns, dreieiniger Gott, Vater und Sohn und heilige Geistkraft.

A Amen.

Schlusslied Manchmal feiern wir mitten im Tag (GL 472,1.3–4)

BEI EUCH ABER SOLL ES ANDERS SEIN

MEDITATIVER IMPULS ZU MK 10,42–45

Bei euch aber soll es nicht so sein
herzlos, verroht fanatisch
hasserfüllt Parolen grölend
so ohne Toleranz und Dialog

Bei euch aber soll es nicht so sein
voll ausufernder Gewalt
brutal, unmenschlich, die Ellbogen gnadenlos einsetzend
so ohne Sanftmut und Mitleid

Bei euch aber soll es nicht so sein
aufgerüstet bis zum Anschlag
waffenstarrend, Kollateralschäden in Kauf nehmend
so unversöhnlich und kriegstreibend

Bei euch aber soll es nicht so sein
ungerecht, ungleich und unwürdig
Machtmissbrauch und Unterdrückung
so maßlos herrschend, ohne Achtung des Nächsten

Bei uns soll es anders sein!

VON DER KLAGE ZUR HOFFNUNG

BRINGT DAS RECHT ZUR GELTUNG!

POLITISCHES NACHTGEBET

Das Politische Nachtgebet wird in ökumenischer Gemeinschaft gefeiert. Traditionell beginnt es erst in den späteren Abendstunden (ca. 20.30 Uhr). Es wird notwendig sein, ein Liedblatt mit den Liedern vorzubereiten, die nicht im Evangelischen Gesangbuch enthalten sind. Eine örtliche Gruppe von „pax christi", einer ökumenischen Friedensbewegung in der katholischen Kirche, wird um Mitwirkung bei der Vorbereitung und Gestaltung des Gottesdienstes gebeten.

Eröffnungslied Unfriede herrscht auf der Erde (EG 671,1.3/Liederbücher)

Eröffnung Wir beginnen dieses Politische Nachtgebet im Namen Gottes, des Vaters und des Sohnes und des Heiligen Geistes.

Das Lied, das wir soeben gesungen haben, wurde 1969 von einer polnischen Komponistin geschrieben. In dieser Zeit, in den 60er und 70er Jahren, ist das Politische Nachtgebet, das eng mit den Namen Dorothee Sölle, Fulbert Steffensky, Heinrich Böll und anderen evangelischen und katholischen Christinnen und Christen verbunden ist, als Gebetsform des friedlichen Protests entstanden. Leider sind die Liedaussagen nach wie vor aktuell: Unfrieden und zahlreiche Kriege bestimmen immer noch das Leben vieler Menschen unserer Erde. Besonders verwerflich ist die Tatsache, dass Rüstungsexporte aus den wohlhabenden westlichen Ländern, speziell auch aus Deutschland, das Kriegsfeuer noch weiter schüren. Bringen wir dazu heute unsere Gedanken, Sorgen, Ängste und Hoffnungen vor Gott.

Lied In Ängsten die einen und die andern leben, 1–2 (Liederbücher)

Information
Der Text kann von einem Vertreter der eingeladenen Gruppe vorgetragen und mit aktuellen Informationen ergänzt und konkretisiert werden.

Aus Deutschland wurden im Jahr 2018 Waffen und Rüstungsgüter im Wert von fast fünf Milliarden Euro exportiert, ca. die Hälfte an sogenannte Drittstaaten außerhalb von EU und NATO. Einer der größten Abnehmer von Munition und Kampfflugzeugen war Saudi-Arabien, ein Land, in dem die Menschenrechtsbilanz düster ausfällt. Es ist an dem blutigen Krieg im Nachbarland Jemen beteiligt, der schon seit 2015 wütet und Hungersnot, Fluchtbewegungen sowie Krankheitsepidemien ausgelöst hat. Und das, obwohl die Bundesregierung sich im Koalitionsvertrag verpflichtet hatte, keine Waffen mehr an Staaten zu liefern, die an diesem zerstörerischen Krieg teilnehmen. Algerien – Nummer eins der Empfänger deutschen Kriegsgerätes – ist ein weiterer arabischer Krisenstaat, der ebenfalls wegen mangelnder Achtung der Menschenrechte in der Kritik steht. Auch umfangreiche Exporte in die Vereinigten Arabischen Emirate sowie nach Jordanien wurden genehmigt, darunter Gefechtsköpfe und tragbare Panzerabwehrwaffen. Unter der Lizenz des deutschen Waffenherstellers Heckler & Koch werden in Saudi-Arabien Schnellfeuer- und Maschinengewehre verschiedenster Modelle produziert. Diese Waffen werden im Jemen von Kreisen genutzt, für die sie nie vorgesehen waren, z. B. von Al-Kaida-Milizen. Nach internationaler Gesetzgebung dürfen solche Gewehre nur an strikt definierte Empfänger, auf keinen Fall aber an dritte Gruppen weitergegeben werden. Doch weil schlecht besoldete Mitglieder der regulären Einheiten der jemenitischen Armee Waffen und Munition verkaufen, geraten diese direkt oder auf Umwegen dann in die Hände von Al Kaida und anderer Terrororganisationen. Anlass zu großer Besorgnis gibt auch die rasante Entwicklung vieler neuer Waffensysteme in den letzten Jahrzehnten: autonome Waffen, Cyber-Waffen, Killer-Roboter. Für diese existieren bislang fast keine internationalen Regeln.

Gebet EG 880 *(gemeinsam beten)*

Schriftwort Wir hören Worte aus dem Buch des Propheten Amos (Am 5,4–15).

Ansprache

Der Prophet Amos hält dem Volk Israel seine nicht gottgefällige Lebensweise, sein rücksichtsloses Gewinnstreben auf Kosten der Hilflosen und Armen vor. Es sei besonders verwerflich – so klagt er an –, dass Recht und Gerechtigkeit mit Füßen getreten würden. Vehement wirft er den Israeliten vor, bestechlich, uneinsichtig und unbelehrbar zu sein. Sie würden das Gute hassen, das Recht im Tor – dem damaligen Ort aller Rechtsvorgänge – nicht zur Geltung bringen und somit nicht nach dem lebendigen Gott suchen. Deshalb müsse er, Amos, das Strafgericht Gottes für die Menschen im Reich Israel verkünden. Dabei betont der Prophet mehrfach, dass Gott eigentlich möchte, dass diese leben. Amos war wie die meisten Propheten ein unbequemer Denker, der sich nicht scheute, Klartext zu reden, um Machtmissbrauch und die Defizite seiner Zeit anzuprangern. Er war zu der Einsicht fähig, dass Gott vielleicht nicht auf der Seite seines eigenen Volkes steht. Leidenschaftlich rief er deshalb seine Landsleute dazu auf, doch nach Gott zu suchen und auf sein Wort zu hören.

Der Einsatz für das Reich Gottes, für Gerechtigkeit, Frieden und Bewahrung der Schöpfung erfordert immer wieder prophetisches Handeln. So wie Amos dürfen wir Christen uns nicht heraushalten, wenn wir Unrecht in Politik und Gesellschaft wahrnehmen. Und das rücksichtlose Gewinnstreben der großen Waffenhersteller und -lieferanten, die Rechtsbeugung, die vielfach in diesem Bereich geschieht, sowie die immensen Rüstungsausgaben unserer Zeit dürfen durchaus von Christenmenschen kritisiert werden. Das Gleiche gilt für die Ankündigung, für die Bundeswehr bewaffnete Kampfdrohnen anzuschaffen. Dann besteht die große Gefahr, dass die politische Hemmschwelle für militärische Interventionen immer mehr sinkt, da nicht mehr zu befürchten ist, eigene Soldaten bei Gefechten zu verlieren. Zudem würde Krieg in Zukunft – so ernst zu nehmende Kritiker – als eine Art Computerspiel erscheinen und von der Bevölkerung der kriegführenden Länder nicht mehr als bedrohlich wahrgenommen. Zunehmen würden auch schwere psychische Erkrankungen bei Soldaten, die Kampfdrohnen aus einer Entfernung von mehreren tausend Kilometern für gezielte Tötungen steuern und andererseits ihrem normalen Alltag nachgehen müssen. Dies führe zu Realitätsverlust und permanentem Stress. Weltweit haben mehr als 2000 Wissenschaftler, die mit künstlicher Intelligenz (KI) arbeiten, solche neuen Waffensysteme verurteilt. Wenn alle Warnungen von

Experten vor schwerwiegenden gesellschaftlichen Auswirkungen des zunehmenden kriegerischen Einsatzes derartiger Kriegsmaschinen, die eigenständig Ziele wählen und zerstören, in den Wind geschlagen werden, müsste eigentlich unser protestierender Aufschrei erfolgen.

Mitglieder von Friedensgesellschaften wie „pax christi“, die nicht müde werden, Recht, Gerechtigkeit und Frieden anzumahnen, und sich dabei auf Jesus Christus berufen, übernehmen da prophetische Aufgaben, sind quasi moderne Prophetinnen und Propheten. Alle geschichtlichen Erfahrungen zeigen: Gewalt mit Gewalt zu vergelten, vervielfältigt die Gewalt, anstatt sie zu verringern. Internationale Regeln zur Abrüstung, die möglichst viele Staaten und auch die neuen Waffen umfassen, sind mehr denn je notwendig. Wir alle sind aufgerufen, Jesu Lehre von der Gewaltfreiheit zu verinnerlichen und aktiv nach Wegen zu suchen, die die todbringende Gewaltspirale durchbrechen.

Gesprächsangebot

Nach der Ansprache kann eine Gesprächsrunde zur Thematik angeboten werden, die ein Mitglied von „pax christi“ moderieren könnte.

Lied Komm näher, Friede, 1.3 (Liederbücher)

Fürbitten Gott beruft Propheten und Prophetinnen, damit sie bereits auf Erden Gerechtigkeit und Frieden zur Geltung bringen. Zu ihm lasst uns beten und ihn bitten:

S 1 ○ Krieg ist nie gerecht. Unvorstellbares menschliches Leid wird durch Rüstungsexporte in Krisengebiete mit verursacht und vergrößert.

S 2 Wir beten für alle Opfer kriegerischer Gewalt, die fast immer auch die Zivilbevölkerung trifft. – *Stille*

A Herr, erbarme dich (EG 178,11)

S 1 ○ Religiöser Fundamentalismus, Fanatismus und Extremismus führen vielfach zu Hass, Feindbildern und Terror.

S 2 Wir beten für alle, die durch Anschläge, blinde Gewalt und terroristische Verbrechen ihr Leben lassen mussten, und für ihre Angehörigen. – *Stille*

A Herr, erbarme dich …

S 1 ○ Machtkämpfe, kriegerische Auseinandersetzungen und Verfolgung vertreiben Tausende Menschen überall auf der Welt aus ihrer Heimat.

S 2 Wir beten für alle, die keinen anderen Ausweg als die Flucht sehen und eine menschenwürdige Zuflucht brauchen. – *Stille*

A Herr, erbarme dich …

S 1 ○ Überall auf der Welt arbeiten Menschen in Hilfs- und Friedensorganisationen und setzen ihre Zeit und Energie für eine Welt ein, in der Versöhnung und Friedfertigkeit herrschen.

S 2 Wir bitten um mutige Menschen mit Zivilcourage, die ihre Stimme erheben, gegen Unrecht und Unmenschlichkeit angehen und so die Erde verwandeln. – *Stille*

A Herr, erbarme dich …

S 1 ○ Die Friedens- und Konfliktforschungen stehen angesichts der komplexen Fragestellungen vor großen Herausforderungen, zumal der Staat erheblich mehr in Militär und Rüstungsgüter investiert als in Konfliktprävention und zivile Konfliktbearbeitung.

S 2 Wir bitten um prophetische und tatkräftige Forscherinnen und Forscher, dass sie wirksame Möglichkeiten finden, unheilvolle Mächte aufzudecken, Gewalt zu verhindern und aktive Gewaltfreiheit zu fördern. – *Stille*

A Herr, erbarme dich …

S 1 ○ Viel Unfriede gibt es nicht nur im Großen unter Staaten und Völkern, sondern auch in unseren Gemeinden, Familien und in unserem Inneren.

S 2 Wir bitten um Einsicht und den Willen, mit sich selbst ins Reine zu kommen und ein friedliches, versöhntes Miteinander zu leben. – *Stille*

A Herr, erbarme dich …

Barmherziger Gott, du allein kannst Frieden schaffen und uns zu Botinnen und Boten deines Friedens machen. In Jesus Christus hast du uns den Weg dazu gezeigt. Auf dich hoffen wir, dich loben und preisen wir, heute und alle Tage bis in Ewigkeit.

Aktion *Die Gruppe „pax Christi“ verweist auf Informationsmaterial zum Thema (z. B. an einem kleinen Büchertisch) und lädt ein, sich an einer Unterschriftenaktion gegen die Erhöhung von Rüstungsausgaben sowie gegen den Export von Kriegsgerät zu beteiligen.*

Segen „Das Dunkel lässt sich nicht durch Waffen erleuchten. Das Dunkel entfernt sich nur, indem man Licht macht.“ Nehmen wir dieses Wort von Papst Johannes Paul II. mit in unseren Alltag und gehen wir hinaus, Licht zu bewirken.
Dazu segne und begleite uns Gott: Vater und Sohn und Heiliger Geist.

Schlusslied *oder* **Musik** Lass uns den Weg der Gerechtigkeit gehn (EG 675,1–2)

ICH KLAGE WIE EIN EINSAMER VOGEL AUF DEM DACH

ÖKUMENISCHE KLAGEANDACHT

Die vorliegende Andacht eignet sich insbesondere für den 18. November, den Europäischen Tag zum Schutz von Kindern vor sexueller Ausbeutung und sexuellem Missbrauch sowie den Gedenktag für die Opfer sexuellen Missbrauchs in der katholischen Kirche. Ein Gebetszettel mit dem Text „Ich kann nicht beten, Herr" von Adolf Exeler sowie dem „Gebet eines Unglücklichen" (Ps 102,1–8) liegt bereit.

Lied Aus der Tiefe rufe ich zu dir (GL 283/EG 655)

Gruß und Einführung

V O Gott, komm mir zu Hilfe.

A Herr, eile, mir zu helfen.

V Wir sind heute zum ökumenischen Friedensgebet zusammengekommen, um stellvertretend für diejenigen zu beten, die in jungen Jahren sexuell missbraucht wurden oder noch werden. Auf Anregung von Papst Franziskus hat die Deutsche Bischofskonferenz entschieden, jährlich einen Gedenktag für die Opfer sexuellen Missbrauchs um den Europäischen Tag zum Schutz von Kindern vor sexueller Ausbeutung und sexuellem Missbrauch herum zu begehen. Dieser findet am 18. November statt und geht zurück auf die Initiative des Europarates „One in Five". Danach ist statistisch gesehen jedes fünfte Kind von sexuellem Missbrauch bedroht. Die sogenannten Missbrauchsskandale der letzten Jahre haben aufgedeckt, in welch erschreckendem Ausmaß sich auch Vertreter unserer christlichen Kirchen an Kindern und Jugendlichen in verbrecherischer Weise vergangen haben, wobei die

Dunkelziffern hoch sind. Erschüttert schauen wir auf diese unfassbar großen Zahlen, hinter denen das unermessliche Leid von heranwachsenden Menschen steht, und drücken unsere Fassungslosigkeit mit den Worten Adolf Exelers aus. Sprechen wir sie in Solidarität mit allen Opfern, die selbst vielleicht nicht mehr beten können oder wollen.

Gebet

Ich kann nicht beten, Herr.
Ich suche nach Worten,
aber ich finde keine.
Nur hohle Phrasen
kommen mir in den Sinn.
Herr, du bist in unendlicher Ferne.
Ich habe dich verloren.
Wo bist du? Wo soll ich dich suchen?
Warum zwingst du mich, Herr,
diese Wüste zu durchqueren?
Spröde sind meine Lippen,
und meine Knie wanken.
Wie soll ich da durch diese Wüste kommen?
Mein trockener Mund schreit nach dir,
der du Worte des ewigen Lebens hast,
und wie herrliches kühles Wasser
wäre dein Wort für die Wüste in mir.
Herr, höre mein Flehen.

Adolf Exeler – Q 6

V

Hören wir einige Verse aus dem Matthäusevangelium, in denen es um die Kleinen geht und die Warnung Jesu vor der Verführung zum Bösen.

Lesung Mt 18,5–6.10

Gesang Herr, erbarme dich (GL 157/EG 178,11)

V

In den Psalmen findet sich die ganze Bandbreite menschlicher Gefühle. In ihnen haben Generationen vor uns alles, was sie bewegte, vor Gott gebracht, auch Klagen über das eigene Leid und die Nöte anderer. Beten wir gemeinsam Verse aus Psalm 102.

Psalm Ps 102,1–8

Ansprache

Die starken Bilder dieser uralten Psalmworte drücken den Gefühlszustand eines unglücklichen Menschen aus. Damals wie heute leiden Menschen so unsäglich, dass es ihnen den Schlaf raubt und ihre Not zum Himmel schreit. Die meisten Missbrauchsopfer haben noch Jahrzehnte nach den traumatischen Geschehnissen ihrer jungen Jahre tiefsitzende Ängste, psychische, physische und soziale Probleme. Depressionen treten häufig als Spätfolgen bei vielen Menschen auf, die in der Kindheit missbraucht worden sind. Oft sind sie verbunden mit völliger Appetitlosigkeit. Der Psalmbeter drückt dies so aus: „Versengt wie Gras und verdorrt ist mein Herz, so dass ich vergessen habe, mein Brot zu essen. Vor lauter Stöhnen und Schreien bin ich nur noch Haut und Knochen."

Wenn die Erinnerungen nachts kommen und wie Feuer in der Seele brennen, die Gedanken kreisen und das Herz wie ausgetrocknet ist, werden nachtwachende Stunden zu dunklen Ewigkeiten. Im Psalm wird dieser Zustand mit einer Dohle in der Wüste und einer Eule in öden Ruinen verglichen. Die Dohle, ein schwarzgrauer Rabenvogel, gilt als Symbol schwermütiger Gedanken und mangelnder Lebensfreude – umso mehr, als die Wüste ihr Aufenthaltsort ist. Die Eule ist nachtaktiv und meist an Orten anzutreffen, an denen es die Menschen fröstelt. Hier wird sie mit öden Ruinen in Verbindung gebracht. Allen so tief Verzweifelten legt der Vers „Ich liege wach, und ich klage wie ein einsamer Vogel auf dem Dach" einen Klageruf an Gott in den Mund. Im Gefühl der Gottverlassenheit bleibt ihnen nur, die große Not zum Himmel zu schreien, zu hadern, anzuklagen und angstvoll zu klagen. Vielleicht ist Gott ja doch da und wendet sich den Verlassenen zu und verschmäht ihre Bitten nicht, wie es im weiteren Verlauf des Psalms in Vers 18 heißt. Die Menschen im Volk Israel und die vielen Psalmbetenden durch die Jahrhunderte hindurch haben jedenfalls daran geglaubt, dass auch in dunkelster Nacht und Ohnmacht Gott sie nicht allein lässt.

In den drei Versen des Evangeliums geht es konkret um Gottes besonders große Wertschätzung der Kinder. Ihnen gilt seine liebende Fürsorge. Wer ihnen etwas antut und Böses will, greift Jesus und seinen Vater direkt an. Denjenigen, die die Kleinen daran hindern zu glauben, oder bewirken, dass sie gar den Glauben verlieren, droht Jesus drastische Strafen an. Sie sind sicher nicht wörtlich zu nehmen, verdeutlichen aber die Schwere dieser Sünde. Damals waren Kinder mehr oder weniger recht- und bedeutungslos. Umso provokanter wirkt Jesu eindeutige Parteinahme für sie. Er verbietet ausdrücklich, die Kinder zu verachten, weil die Kleinen Gott besonders nahe sind.

Heute gibt es Kinderrechte, und Kinder haben für ihre Familien und die Gesellschaft einen hohen Stellenwert. Doch verschließen wir nicht die Augen davor, dass immer noch vielfach die Würde der Kleinsten aufs Ärgste verletzt wird. Die in den letzten Jahren bekannt gewordenen Missbrauchsstraftaten von Priestern, Ordensleuten und anderen kirchlichen Amtsträgern missachten auf besonders perfide Weise die Rechte von Kindern. Sie zerstörten jegliches Vertrauen von jungen Menschen und ihren Angehörigen in die Kirche und oft auch in Gott. Damit begingen diese Männer – fast alle Täter sind männlichen Geschlechts – schwere Sünden, vor denen Jesus die Gemeinde so eindringlich gewarnt hat. Indem die Täter ihre Macht gegenüber den Kleinen rücksichtslos eingesetzt und sie ihrer Würde beraubt haben, haben sie dies Jesus selbst angetan. Das Leid der Betroffenen wird vielfach noch dadurch verstärkt, dass das Thema Missbrauch in der Öffentlichkeit immer noch tabuisiert wird. Mit unserem Klagegottesdienst heute signalisieren wir, dass wir um die Missbrauchserfahrungen wissen und Anteil nehmen an Schmerz und Einsamkeit der Opfer.

Lied Ich steh vor dir mit leeren Händen (GL 422/EG 382,1)

Klagebitten *Nach jeder Bitte kann eine Kerze entzündet und in ein Gefäß mit Sand oder an einen anderen geeigneten Ort gestellt werden.*

- Gott, du bist allen nahe, deren Ohnmacht ausgenutzt wird und die großes Leid erfahren. Wir denken heute besonders an die Kinder und Jugendlichen, die in deiner Kirche sexuell missbraucht wurden und werden.

V Du unser Gott.
A Höre unsere Klage.

- Vor dir klagen wir über die Gewalt, die Täter ihren Opfern an Leib und Seele antun, über zerstörte Kindheiten und oft lebenslanges Leid, das sich nicht heilen lässt. Wir wollen angesichts dieser Realität nicht verstummen, sondern uns mit und stellvertretend für die Opfer mit einem Hilfeschrei an dich wenden.

V Du unser Gott.

A Höre unsere Klage.

- Wir klagen die Ausübung von Macht und Gewalt gegenüber Schutzbefohlenen an und bringen unsere Erschütterung über das skrupellose Ausnutzen des Vertrauens arg- und wehrloser Kinder vor dich.

V Du unser Gott.

A Höre unsere Klage.

- Wir bekennen vor dir das Verschweigen, Vertuschen und Nichtstun derer, die von den verbrecherischen Übergriffen wussten, die die Taten ahnten und ahnen.

V Du unser Gott.

A Höre unsere Klage.

- Wir sehen auf die Verantwortung, die jeder und jede von uns trägt. Wir beklagen, dass Betroffene immer noch nicht genug gehört und ernst genommen werden, wenn sie versuchen, über den erlittenen Missbrauch zu sprechen.

V Du unser Gott.

A Höre unsere Klage.

Mitleidender Gott, du wendest dich dem Gebet der Verlassenen zu und verschmähst ihre Bitten nicht. Dein Sohn hat gesagt: „Hütet euch davor, einen von diesen Kleinen zu verachten.“ Durch uns willst du diese Welt erneuern und Gerechtigkeit wachsen lassen. Sende uns deinen Geist und begleite uns auf diesem Weg durch Jesus Christus.

A Amen.

Segen Gott schenke den missbrauchten Menschen Gehör,
den Opfern Begleitende an die Seite, die ihr Leid mittragen,
den Einsamen Trost und Hoffnung,
den Verletzten Genesung.
So segne uns der barmherzige Gott,
der Vater und der Sohn und der Heilige Geist.

Lied Verleih uns Frieden gnädiglich (GL 475/EG 421)
oder Bewahre uns, Gott (GL 453/EG 171)

IN IHREM SCHNABEL HATTE SIE EINEN FRISCHEN ÖLZWEIG

FRIEDENSGEBET AM MITTAG FÜR VERSCHIEDENE GRUPPEN

Bei einem Angst und Besorgnis erregenden, den Frieden bedrohenden Anlass kann dieses Friedensgebet zum Beispiel von älteren Schülern und Lehrenden in einer Pausenhalle/Aula, von Mitarbeitenden in einem Krankenhaus in der Krankenhauskapelle oder von kirchlichen Angestellten im Rahmen einer Tagesveranstaltung zur Mittagszeit gebetet werden. Eine Stellpinnwand ist aufzustellen mit einer plakatgroßen Kopie des Titelbildmotivs dieses Buches. Unter das Bild von der Taube wird die Zeile „Dass Frieden werde unter uns" geschrieben. Karteikärtchen und Stifte sind bereitzulegen. Wenn keine entsprechenden Gebet- und Liederbücher vorhanden sind, ist ein Blatt mit Gebeten und Liedern vorzubereiten.

Instrumentalmusik *oder* **Stille**

Vorspruch Gott, lass uns vor dir stehen
in der Mitte des Tages
und unser Alltagsgeschäft unterbrechen.
Richte uns auf,
dass wir dein Antlitz suchen,
dass wir das Notwendige und Notwendende tun.
Lass uns unseren Weg in Treue zu dir gehen.
Wir vereinen uns heute Mittag mit allen,
die um den Frieden in der Welt beten.

Lied Gib uns Frieden jeden Tag (EG 425,1–2/GL-Diözesananhänge/Liederbücher)

Gebet Gott, nützt es etwas, dass wir zu dir beten, dass wir dich um Frieden bitten? Was können wir nur tun, um Gewalt, Krieg und Terror Einhalt zu bieten? So sehr sehnen wir uns nach Frieden. Doch auch dieser Tag ist mit Unfrieden erfüllt. Denn es … *(aktuellen Anlass einfügen)*.
Gott, ohne dich können wir nichts tun. Doch mit dir wollen wir an unserer Sehnsucht nach Neuanfang und Frieden festhalten. Gemeinsam beten wir und erheben unsere Stimme.

Gesang Herr, gib uns deinen Frieden (EG 436/Liederbücher – *als Kanon singen*)

Lesung Gen 8,6–12

Auslegung

Bei diesem Abschnitt aus der Erzählung von der Sintflut und Noahs Arche spielen Vögel eine große Rolle. Diese stehen in der Bibel für die Beziehung zu einer anderen Welt, sie verbinden Erde und Himmel. Der Rabe, den Noah zunächst aus dem einen Fenster der Arche hinausfliegen lässt, gilt als Bote für Depression und Tod, aber auch als besonders intelligenter und anpassungsfähiger Vogel. Noah setzt das schlaue Tier ein, damit es erkundet, wie es nach der furchtbaren großen Flut, die ja immens lange andauerte, auf der Erde aussieht. Es überbringt Noah die wichtige Botschaft, dass der Wasserpegel endlich immer mehr sinkt. Nach der langen Zeit der Dunkelheit für Menschen und Tiere im Bauch der Arche bewegt sich mit dem Ein-und-aus-Fliegen des Raben endlich etwas zum Positiven hin. Doch die Zeit des sorgenvollen Ausharrens ist nicht sofort vorbei. Die Taube, die Noah dann hinauslässt, muss dreimal losgeschickt werden. Beim zweiten Mal kehrt sie mit einem frischen Ölzweig im Schnabel zurück. Damit überbringt sie für Noah und alle, die sich in der Arche befinden, eine erste zarte Hoffnung auf einen neuen Anfang. Doch erst nach erneutem siebentägigem Warten verleiht die Taube durch ihre Nicht-Rückkehr von ihrem dritten Flug Noah die Gewissheit, dass das Wasser sich von der Erde verlaufen hat. Der Vogel kündete Noah: Endlich ist Land in Sicht. Wir sind gerettet!

Diese wunderbare alte Erzählung beschreibt, dass wir Menschen in Zeiten großer Not auf helfende Mittler angewiesen sind, die Hoffnung stiften. So stellt Gott Noah die Taube als neues Leben ankündende Botin zur Seite. Und es braucht ganz viel Geduld, bis sich etwas zum Besseren wendet. Gibt es heute in den furchtbaren Katastrophen unserer Welt, in den schweren Sintflutschicksalen unserer Zeit, auch noch Tauben mit Ölzweigen in den Schnäbeln, die Hoffnung wachsen lassen? Unwillkürlich kommen Bilder von den vielen Bootsflüchtlingen dieses Jahrzehnts in den Sinn. Wie erleben diese meist aus Kriegs- und Krisengebieten geflüchteten Menschen nach oft monatelanger Odyssee in der qualvollen Enge ihrer überladenen Boote den Moment, als endlich sicheres Land in ihr Blickfeld kommt? Sind für sie vielleicht die Helferinnen und Helfer, die sie mit Decken und heißen Getränken empfangen und sich um medizinische Erstversorgung kümmern, nicht auch so etwas wie die Taube mit dem Ölzweig?

Der Taube begegnen wir Jahrtausende später wieder bei der Taufe Jesu am Jordan durch Johannes den Täufer. Da erscheint sie als Zeichen des Geistes Gottes, der Jesus vom Himmel her mit Liebe und Frieden durchströmt. Diese Kraft der mit Gottes Geist erfüllten Taube schenkt seitdem vielen Menschen, z. B. in christlichen Friedensbewegungen, Mut, gegen Krieg und Unrecht, gegen Terror und die Bedrohung der Schöpfung anzukämpfen. Die Taube mit dem Ölzweig wurde weltweites Symbol für die Sehnsucht nach Frieden und Neubeginn. Lassen wir uns diese Sehnsucht nicht nehmen! Halten wir trotz der so unerträglich erscheinenden Bedrängnis dieser Tage Ausschau nach der Taube Gottes, die uns Hoffnung schöpfen lässt!

Aktion Blicken wir jetzt auf das Bild mit der großen Taube an der Stellwand! Sie hat wie in dem gehörten Bibeltext einen Ölzweig im Schnabel, ein altes Symbol für den Frieden. Bei näherem Hinschauen erkennen wir ganz viele kleine Menschen in unterschiedlichen Farben, die sich gemeinsam in Form einer Taube mit Ölzweig zusammengestellt haben. Und von allen Seiten kommen weitere Menschen herbei. Ein intensives Sehnsuchtsbild! Wie schön wäre es, wenn wir Menschen uns so zusammentun würden, um gemeinsam alles zu tun, damit es auf unserer Welt gerechter und friedlicher zugeht.

Leider sieht es aktuell ganz anders aus. Der Anlass unseres Zusammentreffens heute ist ernst. Was macht mir im Moment Angst? Wonach sehne ich mich? Was könnte getan werden, um die bedrohliche Situation zu verbessern? Schreiben Sie Ihre Gedanken hierzu bitte auf diese Kärtchen und heften Sie sie an die Stellwand.

An der Gebetswand mit dem Plakat der Friedenstaube (Titelbild des Buches) werden die auf Kärtchen notierten Gedanken und Einfälle angeheftet. Wenn die Wand noch stehen bleiben darf, können auch außerhalb des Mittagsgebets Hoffnungen, Wünsche und Klagen dort ihren Platz finden.

Gebet Herr, mach mich zu einem Werkzeug deines Friedens (GL 19,4/EG 875 – *gemeinsam beten*)

oder

Meditation *Friede ist möglich*

Auf ein Wort, Christen,
die Welt hat eine Frage.
Die Welt kann nicht warten.
Die Welt braucht eine Antwort,
die sich leben lässt.
Die Welt stirbt am Krieg!

Herr, gib den Mut zur Antwort.
Die Antwort heißt: FRIEDE!
Und Friede ist möglich.

Friede konkret:
Tun, was man kann
Den ersten Platz nicht begehren
Die Drohung nicht aussprechen
Den Freund nicht verraten
Den Gegner nicht verhöhnen
Den Eigennutz unterordnen
Das Trennende ausräumen
Die andere Meinung achten
Den Schlag nicht zurückgeben
Die Beleidigung zurücknehmen
Den Krieg ächten

Auf Ausgleich drängen
Den ausgebrochenen Krieg beenden
Nachteile in Kauf nehmen
Unrecht verabscheuen
Guten Rat annehmen
Tun, was man kann

Herr, gib den Mut zur Antwort.
Die Antwort heißt: FRIEDE!
Und Friede ist möglich. *Kurtmartin Magiera – Q 7*

Vaterunser Jesus hat uns gelehrt, um das Kommen des Gottesreiches, das Reich des Friedens und der Versöhnung, zu beten: Vater unser …

Segen Jesus Christus spricht:
Frieden hinterlasse ich euch, meinen Frieden gebe ich euch;
nicht wie die Welt ihn gibt, gebe ich ihn euch.
Euer Herz beunruhige sich nicht und verzage nicht.
Der Friede Gottes, der alles Verstehen übersteigt,
bewahre unsere Herzen und Gedanken
in der Gemeinschaft mit Christus Jesus.
Und so segne uns der allmächtige Gott,
der Vater und der Sohn und der Heilige Geist.

A Amen.

Lied Wo Menschen sich vergessen, 1–3 (Liederbücher)

MAUERN ÜBERWINDEN

ÖKUMENISCHER DANK- UND FRIEDENSGOTTES-DIENST

Dieser Gottesdienst kann aus Anlass des Mauerfalls (9. November 1989) bzw. der Wiedervereinigung Deutschlands (Tag der Deutschen Einheit, 3. Oktober 1990) vor 30 Jahren gefeiert werden oder entsprechend abgeändert an den jeweiligen Jahresgedenktagen. Vorzubereiten sind kleine Gläser mit Kerzen und ein Gebetszettel mit dem Psalmgebet und dem Glaubenszeugnis. Für das Spiritual ist ein Posaunist anzufragen bzw. ein Abspielgerät bereitzustellen, um das Lied von einer CD einzuspielen. Der Kirchenraum wird nur so weit erleuchtet, dass ein Lesen der Texte noch möglich ist.

Lied Ich lobe meinen Gott von ganzem Herzen (GL 400/ EG 272,1)

Gruß Wir kommen zusammen im Namen Gottes,
des Vaters, dessen Liebe grenzenlos ist,
im Namen des Sohnes,
dessen Menschlichkeit uns ermutigt,
und im Namen der heiligen Geistkraft,
die uns Zukunft anvertraut.
Amen.

Einführung Gemeinsam mit unserer evangelischen Schwestergemeinde feiern wir heute voll Dankbarkeit einen Friedensgottesdienst anlässlich der Wiedervereinigung Deutschlands vor 30 Jahren. Wie ein Wunder erscheint vielen Menschen bis heute der sogenannte Fall der Mauer, die über 28 Jahre die beiden Teile Deutschlands trennte. Sie bewerten den gewaltfreien Weg der Wiedervereinigung von DDR und BRD als segensreiches Wirken Gottes, als Teil seiner Geschichte mit uns Menschen. Grundlage der gewaltfreien Revolution war seinerzeit das Gebet. Vertrauen wir darauf, dass auch heute noch die verändernde Kraft des Betens wirksam ist und wir uns unserer großen Verantwortung für ein friedliches Zusammenleben in Freiheit bewusst bleiben.

Christusanrufung

V Jesus Christus, du erneuerst unsere Welt. – Wir preisen dich.

A Kyrie eleison (EG 178,9)

V Du allein bist es, der Wunder tut. – Wir rühmen dich.

A Kyrie eleison.

V Du begleitest uns durch die Zeit bis zum Ende aller Tage. – Wir danken dir.

A Kyrie eleison.

Gebet *nach Psalm 18,29–37*

V Lasst uns gemeinsam das Gebet auf dem Zettel beten, das Gedanken des Psalms 18 aufgreift:

A Gott, du Ursprung alles Guten. Du hast uns wunderbar geholfen und uns diesen Tag der Freude und des Dankes geschenkt. Du bist unser Licht, das unseres Herzens Finsternis erleuchtet. Mit dir erstürmen wir dicke Mauern, mit dir springen wir über Wälle. Du allein bist unser Gott, felsenstark. Mit Kraft hast du uns gerüstet und unsere Füße leicht wie Hirsche auf hohe Berge gehen lassen. Unseren Arm hast du gespannt wie einen bronzenen Bogen, mit dem wir den Schild der Freiheit tragen. Du sprichst uns Mut zu, so dass wir froh ins Weite springen. Wir wollen dir danken, Gott der Befreiung, und dich loben und ehren unser Leben lang. Großes hast du an uns getan.

1. Lesung Jos 6,1–5

Spiritual Wir hören jetzt ein Spiritual, das an die Geschehnisse in Jericho erinnert.
Ein Posaunist interpretiert das Lied „Joshua fought the battle of Jericho“; alternativ das Lied einspielen.

2. Lesung Hebr 11,1.29–31

Lied Singt, singt dem Herren neue Lieder (EG 286,1.3 – *zu singen nach der Melodie „Nun saget Dank und lobt den Herren", GL 385/EG 294*)

Auslegung

Die Rede aus dem Hebräerbrief, aus der wir einen kurzen Teil hörten, zählt viele Beispiele von Glaubenszeugnissen der vorangegangenen Generationen auf. So werden die Erzelterngeschichten um Abraham herum und der Durchzug der Israeliten durch das Rote Meer so gedeutet, dass diese Menschen damals aufgrund ihres Glaubens gehandelt haben. Das uns interessierende Beispiel bezieht sich auf die Einnahme der Stadt Jericho, von der uns die erste Lesung aus dem Buch Josua vorhin berichtete.

Die Gemeinden, an die sich der Verfasser des Hebräerbriefes richtete, befanden sich gegen Ende des ersten Jahrhunderts in einer Situation, in der der Schwung der ersten christlichen Generation schon etwas nachgelassen hatte und der Glaube sich im Alltag bewähren musste. Und dahinein heißt es: „Durch den Glauben stürzten die Mauern ein, nachdem man sieben Tage um sie herumgezogen war." Damals hatte der König von Jericho die Stadttore in dem dicken Mauerwerk aus Angst vor dem Volk Israel verschließen lassen. Die Stadt war so gut befestigt, dass sie eigentlich uneinnehmbar war. Doch das Volk Israel brachte durch sein Vertrauen in Gott die Mauer um Jericho zum Einsturz. Allerdings mussten die Israeliten dafür viele Glaubensschritte gehen und lange durchhalten. Sechs Tage lang je einmal die Stadt ganz umrunden und am siebten Tag sogar siebenmal um die Stadt ziehen – einfach war das sicherlich nicht!

Lassen sich da vielleicht Parallelen zum Mauerfall und der Wiedervereinigung Deutschlands ziehen? Das immense Bauwerk, mit der die DDR-Führung Ostberlin und das Berliner Umland vom Westen der Stadt hermetisch abschottete, war wie die Stadt Jericho derart gesichert, dass ein Fall dieser Mauer ebenfalls undenkbar erschien. Außerdem hielt es kaum jemand für möglich, dass die innerdeutsche Grenze mit Minenfeldern und Selbstschussanlagen, die Siedlungen und Landschaften teilte, Straßen und Eisenbahnlinien zerschnitt sowie das Leben von Millionen Menschen beeinflusste, jemals wieder fallen würde. Dass gleichwohl das Unglaubliche eintreten konnte, bedurfte auch hier ausdauernder Geduld und einer längeren Vorlaufzeit, die in den frühen 80er Jahren begann. Die Friedensgebete in der Leipziger Nikolaikirche, in der sich montags immer mehr Menschen aus verschiedenen, auch politischen Gruppen zum Gebet trafen, waren Ausgangspunkt für die friedliche Revolution. Bald trugen die Menschen ihren Protest von der Kirche aus nach draußen in die Öffentlichkeit. Schließlich waren es Hunderttausende, die mit Kerzen in der Hand nach Feierabend durch die Straßen zogen und mehr Bürgerrechte forderten. Dem Volk in der DDR gelang das scheinbar völlig Unmögliche. Und wie durch ein Wunder erfolgte der Umsturz ohne Krawalle und Steinwürfe, ohne Gewalt gegen Menschen, ohne zerschmetterte Fensterscheiben, ohne brennende Autos. Das Bauwerk der Angst, Trennung und des Todes verlor seinen Schrecken. Das Leiden an der Berliner Mauer und an den Grenzanlagen, an denen so viele ihre Sehnsucht nach Freiheit mit dem Leben bezahlen mussten, hatte ein Ende. Das zentralistische Staatswesen der DDR fiel plötzlich in sich zusammen ohne einen einzigen Schuss.

Ein kleiner Einschub an dieser Stelle: Holen wir uns ins Bewusstsein, dass es durchaus auch andere Beispiele gibt, wo gewaltfreie Aktionen erfolgreich waren und den gerechten Frieden haben näher kommen lassen. Beispiele dafür sind der von Mahatma Ghandi initiierte Salzmarsch im Unabhängigkeitskampf Indiens, der von Rosa Parks zusammen mit Martin Luther King ausgelöste Busboykott von Montgomery als Protest gegen die Politik der Rassentrennung, die friedliche Vertreibung des Diktators Augusto Pinochet in Chile oder die Boykotts, Streiks und Proteste des einfachen Volkes in Guatemala 2015, das sich Gerechtigkeit gegen die korrupte Elite erkämpfte. Und selbst wenn gewaltfreie Aktionen scheitern, führen sie meistens zu Prozessen der Demokratisierung.

Der 9. November 1989 in Deutschland war ein Tag, an dem wunderschöne Bilder purer Freude durch die Medien gingen. Jugendliche tanzten ausgelassen auf der Mauer vor dem Brandenburger Tor, und fremde Menschen umarmten sich mit Tränen in den Augen. Nach der jahrzehntelangen Trennung war der Fall der Mauer ein Segen Gottes für das deutsche Volk.

Inzwischen ist die Euphorie des Neubeginns natürlich etwas abgeklungen, und die errungene Einheit muss sich in der Normalität des Alltags bewähren. Immer noch besteht ein Lohngefälle zwischen Ost- und Westdeutschland, viele Menschen in den neuen Bundesländern fühlen sich abgehängt, und rechtsradikale Parteien finden großen Zulauf. Bei aller Dankbarkeit für inzwischen 30 Jahre deutsche Einheit dürfen wir unsere Augen nicht vor der großen Verantwortung verschließen, die wir für den dauerhaften Erhalt der Freiheit und der Demokratie haben. Lassen wir nicht zu, dass sich nach dem Fall der „äußeren" Mauer erneut „innere" Mauern in den Köpfen aufbauen! Stellen wir uns immer wieder der Frage: Wie fallen Mauern – in Jericho und heute?

Lied Manchmal feiern wir mitten im Tag (GL 472,1–4)

Zeichenhandlung

Bei den Friedensgebeten, besonders nach den Montagsgebeten in Leipzig, wurden von der stetig zunehmenden Menschengruppe kleine Lichter durch die Straßen getragen. Sie waren von großer Symbolkraft für die friedliche DDR-Revolution. Brennende Kerzen, die in der Hand gehalten werden, sind Zeichen des gewaltfreien Widerstehens. Außerdem verweisen sie darauf, dass wir in der Dunkelheit Licht nötig haben. Blicken wir dankbar auf das große Geschenk des Mauerfalls und der Wiedervereinigung zurück! Indem wir nun unsere Kerzen entzünden – das Licht reicht ein Nachbar dem anderen weiter –, schöpfen wir Kraft und halten die Hoffnung auf friedliches Einstürzen von heutigen Mauern zwischen Menschen und Völkern wach.

Das so entstehende „Kerzenmeer" erfüllt den Kirchenraum mit Licht.

Glaubenszeugnis

V Viele Kerzen erleuchten nun unseren Kirchenraum. Voll Vertrauen wollen wir gemeinsam das Glaubenszeugnis auf dem Gebetszettel sprechen, das den Lobpreis Gottes zum Ausdruck bringt.

A Wir glauben an Gott, der die Welt geschaffen hat und in ihr wirksam ist, der in Jesus gekommen ist, um zu versöhnen und neu zu machen. Wir vertrauen auf Gott, der uns beruft, Kirche zu sein, andere zu lieben, Gerechtigkeit zu suchen und Bösem zu widerstehen,

Jesus zu verkünden, den Gekreuzigten und Auferstandenen, unseren Richter und Beistand. Im Leben, im Tod und im Leben nach dem Tod ist Gott mit uns. Wir sind nicht allein. Dank sei Gott. *Q 8*

Fürbitten Lasset uns beten zu Gott, bei dem alles möglich ist.

○ Für die Menschen in unserem wiedervereinigten Deutschland: Lass sie dankbar auf den durch gewaltlosen Widerstand erkämpften Fall der Mauer zurückblicken und nicht müde werden, sich für die Freiheit starkzumachen.

V Du befreiender Gott:
A Erhöre unser Gebet.

○ Für Israelis und Palästinenser, die im Heiligen Land mit einer 760 Kilometer langen Sperranlage leben müssen: Unterstütze alle, die im Nahostkonflikt nach gerechten und endlich Frieden bringenden Lösungen suchen.

V Du befreiender Gott:
A Erhöre unser Gebet.

○ Für die vielen Flüchtlinge aus Afrika, die mit hohen Hightech-Zäunen in den spanischen Enklavestädten Ceuta und Melilla abgeschreckt werden und deswegen mit maroden Booten den direkten Weg über das westliche Mittelmeer nach Europa suchen: Bewirke, dass langfristige Maßnahmen in den Herkunftsländern die Lebensbedingungen so verbessern, dass Menschen sich nicht mehr auf eine lebensgefährliche Flucht begeben müssen.

V Du befreiender Gott:
A Erhöre unser Gebet.

○ Für alle, die durch die Mauer der Verachtung, des Hasses und des Hochmuts ausgegrenzt werden: Sende ihnen Menschen, die aufgrund des Glaubens Brücken der Menschlichkeit zu ihnen bauen.

V Du befreiender Gott:
A Erhöre unser Gebet.

- Für uns selber und unsere inneren Begrenztheiten: Öffne unsere Herzen und führe uns hinaus ins Weite.

V Du befreiender Gott:
A Erhöre unser Gebet.

Gott, du hast zu allen Zeiten Menschen aus Unfreiheit und Unterdrückung herausgeführt. Du rufst auch uns zur Freiheit. Dafür danken wir dir, heute und alle Tage unseres Lebens. Amen.

Vaterunser In der Gemeinschaft der Glaubenden wollen wir beten, wie Jesus es uns gelehrt hat: Vater unser …

Segen Gott, mit dir überwinden wir Mauern.
Schenke uns ein gläubiges Herz, damit wir Vertrauen fassen.
Erfülle uns mit Mut, dass wir den Sprung ins Weite wagen.
Stärke uns, damit wir nicht müde werden, Verantwortung für die Gestaltung unserer Welt zu übernehmen.
So segne und sende uns, dreieiniger Gott,
Vater, Sohn und Heiliger Geist.

Lied Herr, gib mir Mut zum Brückenbauen (EG 669,1–2.4/ Liederbücher)

GEBT EUCH NICHT AUF!

WORTGOTTESDIENST

Dieser Wortgottesdienst zur Stärkung des inneren Friedens könnte z. B. gefeiert werden, wenn eine Kirche geschlossen oder abgerissen werden soll, wenn eine Gruppe gerade eine schwierige Phase durchzustehen hat oder allgemein als Ermutigung, der Sehnsucht nach einer guten Zukunft Raum zu geben. Ein Liedblatt ist vorzubereiten, da die ausgewählten Lieder verschiedenen Liederbüchern entstammen. Da die Lieder möglicherweise nicht allen bekannt sind, empfiehlt sich ein Einsingen zu Beginn. Eine musikalische Begleitung durch einen Chor und Instrumente würde diesem von der Form her klassischen Wortgottesdienst guttun.

Eröffnungslied Ich lobe meinen Gott (GL 383/EG 673,1–3)

Gruß und Einführung

In unserer modernen Welt geht es vielen Menschen trotz äußerem Wohlstand nicht gut. Sie ängstigen sich angesichts der vielen bedrohlichen Geschehnisse in unserer Welt, leiden an den Missständen in der Kirche und sind innerlich gefesselt durch private Not. Dieser Gottesdienst will uns ermutigen, unser Herz zur Ruhe zu bringen und mehr zu unserem inneren Frieden zu finden. Das Lied, das wir zu Beginn gesungen haben – eigentlich ein Glorialied –, thematisiert menschliche Befindlichkeiten wie tiefe Niedergeschlagenheit, Orientierungslosigkeit, Trauer, Gefesseltsein, Verstummen und Angst und bringt sie mit Gott in Beziehung. Dieser wird dafür gelobt und geehrt, weil er nicht nur im Himmel, sondern auch in allen Straßen und Häusern auf der Erde ist, uns Menschen aufrichtet, stärkt und Leben, Freude und Frieden bringt. Mit dieser Hoffnung singen wir das Kyrie.

Kyrie-Rufe Send uns deines Geistes Kraft (GL 165)
oder Send uns deinen Geist (EG 178,8)

Eröffnungsgebet

Treuer Gott, du schaffst und erhältst unser Leben: Nimm uns unter deinen Schutz. Wehre den Mächten, die das Leben bedrohen, und birg uns in deinem Frieden. Durch unseren Herrn Jesus Christus, deinen Sohn, der mit dir und dem Heiligen Geist lebt und angebetet wird in alle Ewigkeit. *Q 9*

Lesung Spr 29,18–27

Lied Wir haben einen Traum (Liederbücher)

Evangelium Mk 1,14–15

Predigtimpuls

Visionen zu haben, ist für das Volk, also für den einzelnen Menschen sowie für die gesamte Gemeinschaft, sehr wichtig – so die Aussage des Dichters im Buch der Sprichwörter. Was meint er mit Visionen? Das hebräische Wort bedeutet „prophetische Schauung" und bezieht sich auf Gottes wegweisendes Wort. Eine solche Vision sieht auf das Leben und verknüpft es mit dem Heilswillen Gottes. Sie hat ganz viel mit Hoffnung zu tun, mit mutigen Träumen von einer gottgefälligen guten Zukunft. Oft werden Menschen, die ihre Vision von einer gerechteren, friedlicheren und solidarischeren Welt öffentlich machen, als idealistische Schwärmer und realitätsferne Träumer angesehen. Ein aktuelles Beispiel ist die schwedische Schülerin Greta Thunberg, die weltweit bekannt wurde, weil sie Politiker mit einem freitäglichen Unterrichtsboykott zum Handeln gegen Klimaerwärmung auffordert. Als Begründung für die von ihr initiierten Schulstreiks nennt sie die Zukunftsvergessenheit der Erwachsenen, die viel zu wenig tun, um die globale Erderwärmung zu stoppen, und dadurch ihrer Generation eine ökologische Katastrophe hinterlassen. Trotz massiver Kritik, Diffamierung und Anfeindung insbesondere von Leugnern des Klimawandels und der älteren Generation hält die Jugendliche an ihrer Vision fest. Hunderttausende Schülerinnen und Schüler in Schweden, Belgien, Australien, Amerika und Deutschland folgten dem Vorbild der jungen Aktivistin und gingen für mehr

Umwelt- und Klimaschutz auf die Straßen. Auch wenn Greta ihre Motivation nicht explizit christlich begründet, drückt sie mit ihrem engagierten Tun ihre Sorge um unsere Schöpfung, um unser gemeinsames Haus aus, so wie Papst Franziskus es in seiner Sozial- und Umweltenzyklika *Laudato si'* formuliert hat (Nr. 53 und 61). Macht es nicht Hoffnung, dass viele junge Menschen, denen doch oft Politikverdrossenheit und Gleichgültigkeit vorgeworfen wird, sich für die Zukunft unseres geschundenen Planeten verantwortlich fühlen? Wie sieht es aus mit uns Erwachsenen? Wofür stehen wir? Haben wir eine Lebensvision?

Der Dichter aus dem Buch der Sprichwörter wird sehr deutlich. Wenn ein Volk ohne Visionen ist, geht es zugrunde, verwahrlost. Gemeinschaftszerstörend seien darin Menschen, die aufbrausend, jähzornig, streitsüchtig und hochmütig sind. Ein solches Volk grenzt sich mit Mauern ab, sieht nur die eigene Nation und den eigenen Bauchnabel, ist orientierungslos und verbittert. Sind die aktuell zunehmenden populistischen Tendenzen unserer Gegenwart in vielen Ländern nicht mit den beschriebenen Zuständen im damaligen Volk Israel vergleichbar? Als Ursache für derartige „Verwilderung" werden Angst und mangelndes Gottvertrauen benannt. Fehlen ermutigende Bilder, stirbt die Hoffnung auf Veränderung, die Machthabenden triumphieren und bestehende Zustände werden auf Dauer festgeschrieben. Ist hier nicht besonders unsere Kirche gefragt? Es gehört doch zu ihrem „Kerngeschäft", den Menschen Mut zu machen, indem sie durch Weitergabe der frohen Botschaft Jesu zur Zuversicht anstiftet. Aber wie geht das in diesen Zeiten, in denen so viele Kirchen geschlossen oder abgerissen werden, wo Priester und hauptamtliche Seelsorgerinnen und Seelsorger Mangelware sind, Missbrauchsskandale die Kirche erschüttern und immer mehr Menschen ihr den Rücken zuwenden und austreten?

Kann in deprimierenden und schwierigen Situationen vielleicht die Ankündigung des Reiches Gottes eine tragfähige, Sinn gebende Vision sein? Für den Evangelisten Markus ist sie so wichtig, dass er mit dem Satz Jesu „Das Reich Gottes ist nahe" die Frohe Botschaft beginnen lässt. Markus will sofort die Ansage machen, dass wir von Jesus diese Nähe erfahren, wenn wir umkehren und unser Leben vertrauensvoll für Gott öffnen. In diesem Reich – so hat sein Sohn Jesus es vorgelebt – erfahren Schwache, Arme, Kranke und Ausgegrenzte Würde, Heilung. Niedergedrückte Frauen werden aufgerichtet, Kinder in die Mitte gerückt, blinde, lahme und taube Menschen geheilt. Es herrschen Gerechtigkeit, Eintracht und Frieden, Leben in Fülle – ein wunderschönes Hoffnungsbild, ein Idealzustand voller Glück! Dass es bei uns auf Erden noch lange nicht so weit ist, ist unübersehbar. Aber die Verheißung, dass dieses Reich quasi vor der Tür steht und bereits mit Jesus seinen Anfang genommen hat, kann uns ermutigen, an seinem Aufbau mitzuwirken. In einem bekannten afrikanischen Sprichwort heißt es: Viele kleine Leute an vielen kleinen Orten, die viele kleine Dinge tun, können das Gesicht der Welt verändern. Wie Jesus in seinen Gleichnissen immer wieder anschaulich beschrieb, sind es die oft senfkornwinzigen Anfänge, die eine Veränderung bewirken. Auch wenn es nur unscheinbare umkehrende Schritte sind, die wir in unserem Zusammenleben in den Gemeinden und unseren Familien, in Politik und Gesellschaft sowie in unserem Glaubensleben tun, fangen wir einfach an! Lassen wir uns die Sehnsucht nach Gottes Friedensreich nicht nehmen!

Lied Kleines Senfkorn Hoffnung, 1–2.5 (Liederbücher)

Fürbitten Menschen, die eine Vision verbindet und die daraus im Geiste Christi leben, sind seligzupreisen. Tragen wir unsere Sehnsucht nach dem Wachsen des Reiches Gottes inmitten unserer Welt im fürbittenden Gebet vor Gott.

A Da wohnt ein Sehnen tief in uns (Liederbücher – Refrain und 1. Strophe)

○ Wir beten
für Menschen im vom Bürgerkrieg zerrissenen Jemen und in anderen aktuellen Kriegsregionen,
für alle, die zu Unrecht gefangen gehalten werden,
und für diejenigen, die in der Dunkelheit ihres Herzens eingeschlossen sind,
für alle, die resignieren angesichts des derzeitigen krisenreichen Zustands unserer Kirche und ihr keine Zukunft mehr einräumen.

A Da wohnt ein Sehnen tief in uns (Liederbücher – Refrain und 2. Strophe)

○ Wir beten
für alle, denen Mut und Schwung abhandengekommen sind, sich nach einer Vision für ihr Leben auszustrecken,
für Menschen, die dringend Hilfe benötigen und sich schämen, andere um Unterstützung zu bitten,
für diejenigen, gegen die in einem Abhängigkeitsverhältnis Macht ausgeübt wird und die sich aus Furcht vor Repressalien nicht wehren.

A Da wohnt ein Sehnen tief in uns (Liederbücher – Refrain und 3. Strophe)

○ Wir beten
für alle seelisch erkrankten Menschen und alle, die sich nach Ganzsein sehnen,
für die Menschen, die überraschend schwer erkrankt sind und deren Lebenspläne völlig auf den Kopf gestellt wurden,
für alle Menschen, die aus Verzweiflung ihrem Leben ein Ende gesetzt haben, und für diejenigen, die um sie trauern.

A Da wohnt ein Sehnen tief in uns (Liederbücher – Refrain und 4. Strophe)

Vaterunser Alle unsere Bitten lassen wir einmünden in das Gebet, das Jesus uns zu beten gelehrt hat und in dem wir um das Kommen des uns verheißenen Gottesreiches bitten: Vater unser …

Friedenszeichen

Gott, mache unsere Herzen zu Wohnstätten des Friedens und unsere Gedanken zu einem Hafen der Ruhe. Säe in unsere Seelen Liebe zu dir und zueinander und pflanze in unserer Mitte tief ein Freundschaft und Einigkeit, Eintracht und Achtung voreinander. So werden wir einander aufrichtig den Frieden schenken und voneinander empfangen.
Gebt einander ein Zeichen des Friedens und der Versöhnung! *Q 10*

Die Mitfeiernden tauschen den Friedensgruß aus.

Lied Herr, wir bitten: Komm und segne uns, 1.3 (Liederbücher)

Segensbitte Gott, Vater, Sohn und lebendiger Geist, segne uns. Gott, schenke unserem Herzen Frieden, unserem Leib Gesundheit und unserer Seele Heilung.

A Amen.

Schlusslied Wagt euch zu den Ufern, 1–3 (Liederbücher)

VERWENDETE SCHRIFTSTELLEN

Altes Testament

Neues Testament

QUELLENVERZEICHNIS

S. 15 – Q 1 Er wird meine Stimme hören. Psalmen des Alten und Neuen Testaments, übertragen von Jörg Zink, Stuttgart/Berlin 1967, 7, © 1967 Verlag Herder GmbH, Freiburg i. Br.

S. 24 – Q 2 Evangelisches Gesangbuch. Ausgabe für die Evangelisch-Lutherischen Kirchen in Bayern und Thüringen, Nr. 898,1

S. 24 – Q 3 Text- und Liederbuch zum Ökumenischen Jugendkreuzweg 2001, 24.

S. 26 – Q 4 Versammelt in seinem Namen. Tagzeitenliturgie – Wort-Gottes-Feier – Andachten an Wochentagen, hg. von den Liturgischen Instituten Deutschlands, Österreichs und der Schweiz im Auftrag der Deutschen Bischofskonferenz und des Erzbischofs von Luxemburg, Trier 2008, 63. © 2019 VzF Deutsches Liturgisches Institut, www.liturgie.de.

S. 45 – Q 5 Meditation zum Misereor-Aktionsplakat 2019 „Mach was draus: Sei Zukunft!“, MISEREOR Aachen.

S. 94 – Q 6 Ökumenische Gottesdienste. Anlässe, Modelle und Hinweise für die Praxis, hg. vom Deutschen Liturgischen Institut, Trier, und vom Gottesdienst-Institut der Evangelisch-Lutherischen Landeskirche in Bayern, Nürnberg, Freiburg/Basel/Wien 2014, 147.

S. 103 – Q 7 Beten im Alltag, Stiftung Haus der action 365, Frankfurt o. J., 119.

S. 109 – Q 8 Evangelisches Gottesdienstbuch. Agende für die Evangelische Kirche der Union und für die Vereinigte Evangelisch-Lutherische Kirche Deutschlands, Berlin ²2001, 539.

S. 112 – Q 9 Ebd., 475.

S. 115 – Q 10 Die Wort-Gottes-Feier am Sonntag, hg. vom Liturgischen Institut in Freiburg im Auftrag der Bischöfe der deutschsprachigen Schweiz, Freiburg (Schweiz) ²2015, 60.

GESANG- UND LIEDERBÜCHER

- Evangelisches Gesangbuch. Ausgabe für die Evangelische Kirche im Rheinland, die Evangelische Kirche von Westfalen, die Lippische Landeskirche, 1996/2004 [= EG].
- Gotteslob. Katholisches Gebet- und Gesangbuch, 2013 [= GL].
- God for You(th). Das Benediktbeurer Liederbuch, 2009.
- Halleluja. Lieder vom Aufbruch, hg. vom Bistum Essen, 2010.
- Lieder zwischen Himmel und Erde. Das Liederbuch, 2007.